财务会计与审计管理

张　丽　赵建华　李国栋／著

经济日报出版社

图书在版编目（C I P）数据

财务会计与审计管理 / 张丽，赵建华，李国栋著. -- 北京 : 经济日报出版社，2019.3

ISBN 978-7-5196-0502-5

Ⅰ. ①财… Ⅱ. ①张… ②赵… ③李… Ⅲ. ①财务会计②财务审计 Ⅳ. ①F234.4②F239.41

中国版本图书馆CIP数据核字(2019)第041614号

财务会计与审计管理

作　　者	张　丽　赵建华　李国栋
责任编辑	宫婷婷
出版发行	经济日报出版社
地　　址	北京市西城区白纸坊东街2号(邮政编码:100054)
电　　话	010-63567691（编辑部）63516959（发行部）
网　　址	www.edpbook.com.cn
E - mail	edpbook@126.com
经　　销	全国新华书店
印　　刷	北京建宏印刷有限公司
开　　本	16
印　　张	7.5
字　　数	135千字
版　　次	2019年3月第一版
印　　次	2019年3月第一次印刷
书　　号	ISBN978-7-5196-0502-5
定　　价	45.00元

前　言

随着我国市场经济的深入发展和国内外经济环境的变化，财政、税收、会计和审计等相关法规制度不断地完善，对财务会计和审计管理工作提出了更多、更高的要求，也促成了财务会计和审计管理理论与实务在近年来的巨大进展。

本书根据市场经济发展和会计改革的客观需要，充分借鉴国际审计惯例，按照会计准则与审计准则国际趋同的要求，反映我国企业财务会计和审计管理理论与实务发展的现状，在总结其基本经验，重新架构现代企业财务会计和审计管理工作的理论、内容和方法的基础上编写而成。

本书依据目前财务会计和审计管理理论与实务的基本情况，系统地阐述了企业财务会计和审计管理的业务流程。由于笔者水平有限，书中难免有疏漏和不妥之处，恳请广大读者批评指正。

目　录

第一章

企业财务会计基本理论

市场经济（market economy）是指通过市场配置社会资源的经济形式。简单地说，市场就是商品或劳务交换的场所或接触点。以公有制为主体的现代企业制度是社会主义市场经济体制的基础。在社会主义市场经济体制下，任何现代化企业作为独立的商品生产者和经营者，都是自主经营、自负盈亏的法人实体和市场竞争的主体，都要努力搞好经济活动（包括生产经营活动、筹资活动和投资活动），尽可能提高经济效益（包括经营效益、筹资效益和投资效益），增强竞争能力和自我发展能力。为此，企业必须运用会计[①]，从价值方面对企业经济活动进行全面、连续的反映、预测与控制，为企业及企业外部有关各方提供以财务信息为主的经济信息，以用于经济决策，实行必要的控制，改善经济管理，谋求提高经济效益。

企业财务会计是现代会计的主要组成部分。以《企业会计准则》和相关规范为依据，对已经发生或已经完成的经济活动进行加工处理，全面提供有关企业财务状况和经营成果的财务信息。这些财务信息对于企业的内部管理，尤其是对于国家的宏观调控以及企业投资者、债权人等的经济决策，都是十分必需而有用的。因此，所有企业都应当以《企业会计准则》及相关法规为依据，科学地组织财务会计工作，充分发挥会计的职能，完成会计的目标，为促进企业经济效益的提高和社会主义市场经济的发展服务。

第一节　企业财务会计及其要素

一、企业财务会计的含义

会计是人们在物质资料生产活动中，基于节约劳动、讲求经济效益的需要，而对生产过程中的耗费和成果等数量方面进行确认、计量、记录与报告的活动。随着社会经济的发展和科学技术的进步，会计逐步形成了一系列专门的程序、方法和技术，其内容和形式不断变化与完善。现代会计经过长期的发展，现已形成财务会计和管理会

① 西方会计则通称现金，属广义的现金概念。

计两个主要分支。财务会计和管理会计具有会计的共性和基本特点。从企业这一现代会计的主体来看，两者都是以企业经济活动所产生的数据为依据，通过科学的程序和方法，提供用于经济决策与控制的、以财务信息为主的经济信息。但是，两者既有共性、密切联系，同时又各具特点、相互补充。

企业财务会计是指在《企业会计准则》和相关规范的指导下，根据企业已经发生或已经完成的经济活动所产生的数据，通过填制凭证、登记账簿到编制报表等一系列会计程序和方法，提供有关整个企业的财务状况和经营成果信息的信息系统。该信息系统提供的信息不仅可供企业经营者和内部各有关管理部门用于经营决策及实行必要控制，而且主要是为企业外部有利害关系的集团提供通用的财务报告，以满足国家实行宏观调控、决策以及投资者、债权人等企业外部有关单位与个人进行投资、信贷等经济决策的需要。因此，财务会计又称为对外报告会计。

财务会计主要通过以下四个基本程序进行数据加工处理，提供财务信息。

1. 确认。确认是指对每一项经济活动及其形成的数据，辨认并确定其具备会计要素的性质及应归属的类别，可予以收集并加工处理，其中可收集和在账簿上记录则称为“初次确认”。

2. 计量[①]。计量是指对会计要素的内在数量加以衡量、计算并予以确认，使其转化为财务信息。会计计量主要是价值计量，着重以货币数额表现。

3. 记录。记录是指对已认可予以收集并加工处理的每一项经济活动及其形成的数据，运用账户的有关文字以及货币金额，按复式记账方法在账簿上加以记载。

4. 报告。报告是指把信息传递给使用者的手段，其主要形式是各种财务报表（会计报表）、附注以及财务情况说明书。

二、企业财务会计的要素

企业财务会计提供的以财务信息为主的经济信息，来自企业的经济活动。现代化企业的经济活动，主要包括生产和销售产品（劳务）的生产经营活动，还包括多渠道、多形式筹集资金的活动以及运用企业资产进行直接或间接的对外投资活动。上述企业经济活动中能够用货币表现的方式形成价值运动，是企业会计反映与控制的对象。

① 在会计实务中计量亦称为计价，在本书中计量与计价不作严格区分。

企业财务会计的对象，是企业已经发生或已经完成的价值运动。可以具体划分为不同组成部分，即会计要素。企业经济活动中的价值运动，是由连续不断发生的“交易”和“事项”（我国统称经济业务或会计事项）组成的。“交易”指企业与外部单位之间发生的各项经济往来，如商品购销、资金筹集、相互投资等；“事项”指企业内部发生的各项经济活动，如材料投产、产品入库等。为了能够实现财务会计目标，财务会计有必要对这些“交易”和“事项”按其性质的不同划分为不同的会计要素。

（一）资产

资产是指企业过去的交易或者事项形成的、由企业拥有或者控制的、预期会给企业带来经济利益的资源。

根据资产的定义，资产应同时具备以下几个方面的特征：

1. 资产预期会给企业带来经济利益，即资产具有直接或者间接导致现金和现金等价物流入企业的潜力。这种潜力可以来自企业日常的生产经营活动，也可以是非日常活动；带来的经济利益可以是现金或者现金等价物，或者是可以转化为现金或者现金等价物的形式，或者是可以减少现金或者现金等价物流出的形式。

2. 资产应为企业拥有或者控制的资源，即企业的资产要求企业享有某项资源的所有权，或者虽然不享有某项资源的所有权，但该资源能被企业所控制。企业享有资产的所有权，通常表明企业能够排他性地从资产中获取经济利益。通常在判断资产是否存在时，所有权是考虑的首要因素。有些情况下，资产虽然不为企业所拥有，即企业并不享有其所有权，但企业控制了这些资产，同样表明企业能够从资产中获取经济利益，符合会计上对资产的定义，因此，可以将其作为企业的资产予以确认。如果企业既不拥有也不控制资产所能带来的经济利益，就不能将其作为企业的资产予以确认。

3. 资产是由企业过去的交易或者事项形成的，过去的交易或者事项包括购买、生产、建造行为或者其他交易或事项。只有过去的交易或者事项才能产生资产，企业预期在未来发生的交易或者事项不形成资产。例如，企业有购买某存货的意愿或者计划，但是购买行为尚未发生，就不符合资产的定义，不能因此而确认存货资产。

资产按流动性质一般分为以下两类：

（1）流动资产，一般指能在一年内或者超过一年的一个营业周期内变现或者耗用的资产，包括现金及各种存款、交易性金融资产、应收及预付款项、存货等；

（2）非流动资产，一般指不能在一年内或者超过一年的一个营业周期内变现或者耗用的资产，如长期股权投资、持有至到期投资、固定资产、投资性房地产、无形资产等。

此外，资产还可以按不同标准划分为货币性资产和非货币性资产、有形资产和无形资产、金融资产和非金融资产。按照《企业会计准则》的规定，将一项资源确认为资产，需要同时满足以下三个条件：

第一，符合资产的定义。只有符合资产的定义才能做到主观符合客观，财务会计才能提供可靠、相关的会计信息。

第二，与该资源有关的经济利益很可能流入企业。从资产的定义可以看到，能否带来经济利益是资产的一个本质特征，但在现实生活中，由于经济环境瞬息万变，与资源有关的经济利益能否流入企业或者能够流入多少，实际上带有不确定性。因此，资产的确认还应与经济利益流入的不确定性程度的判断结合起来，如果根据编制财务报表时所取得的证据，与资源有关的经济利益很可能流入企业，那么就应当将其作为资产予以确认；反之，不能确认为资产。

第三，该资源的成本或者价值能够可靠地计量。由于财务会计系统是一个确认、计量、记录和报告的系统，其中计量起着枢纽作用，可计量性是所有会计要素确认的重要前提，资产的确认也是如此。只有当有关资源的成本或者价值能够可靠地计量时，资产才能予以确认。

（二）负债

负债是指企业过去的交易或者事项形成的、预期会导致经济利益流出企业的现时义务。

按照负债的定义，负债应同时具备以下几个方面的特征：

1. 负债是企业承担的现时义务，这是负债的一个基本特征。其中，现时义务是指企业在现行条件下已承担的义务。未来发生的交易或者事项形成的义务，不属于现时义务，不应当确认为负债。义务可以是法定义务，也可以是推定义务。法定义务是指具有约束力的合同或者法律法规规定的义务，通常在法律意义上需要强制执行。推定义务是指根据企业多年来的习惯做法、公开的承诺或者公开宣布的政策而导致企业将承担的责任，这些责任使得有关各方形成了企业将履行义务解脱责任的合理预期。例如，某企业多年来制定一项销售政策，对于售出商品提供一定期限内的售后保修服务，预期将为售出商品提供的保修服务就属于推定义务，企业应当将其确认为一项负债。

2. 负债预期会导致经济利益流出企业，只有企业在履行义务时会导致经济利益流出企业的，才属于符合负债的定义，才可以将其确认为负债。如果履行义务时不会导致企业经济利益流出的，就不符合负债的定义，则不可以将其确认为负债。在履行现时义务清偿负债时，导致经济利益流出企业的形式多种多样。例如，用现金偿还或以实物资产形式偿还；以提供劳务形式偿还；部分转移资产、部分提供劳务形式偿还；将负债转为资本等等。

3. 负债是由企业过去的交易或者事项形成的，只有过去的交易或者事项才形成负债，企业将在未来发生的承诺、签订的合同等交易或者事项，不形成负债。

负债一般按偿还期长短分为以下两类：

（1）流动负债，指将在，一年内或者超过一年的一个营业周期内偿还的债务，包括短期借款、交易性金融负债、应付票据、应付账款、预收账款、应付职工薪酬、应交税费、应付利润、其他应付款。

（2）非流动负债，指偿还期在，一年以上或者超过一年的一个营业周期以上的债务，包括长期借款、应付债券、长期应付款项、专项应付款和预计负债等。

负债还可以按不同标准划分为货币性负债和非货币性负债、金融负债和非金融负债。

按照《企业会计准则》的规定，将一项现时义务确认为负债，需要同时满足以下三个条件：

第一，符合负债的定义。只有符合负债的定义才能做到主观符合客观，财务会计才能提供可靠、相关的会计信息。

第二，与该义务有关的经济利益很可能流出企业。从负债的定义可以看到，预期会导致经济利益流出企业是负债的一个本质特征。在实务中，履行义务所需流出的经济利益带有不确定性，尤其是与推定义务相关的经济利益通常需要依赖于大量的估计。因此，负债的确认应当与经济利益流出的不确定性程度的判断结合起来，如果有确凿证据表明，与现时义务有关的经济利益很可能流出企业，就应将其作为负债予以确认；反之，如果企业承担了现时义务，但是会导致企业经济利益流出的可能性很小，就不符合负债的确认条件，不应将其作为负债予以确认。

第三，未来流出的经济利益的金额能够可靠地计量。负债的确认在考虑经济利益流出企业的同时，对于未来流出的经济利益的金额应当能够可靠计量。对于与法定义务有关的经济利益流出金额，通常可以根据合同或者法律规定的金额予以确定，考虑到经济利益流出的金额通常在未来期间，有时未来期间较长，有关金额的计量需要考虑货币时间价值等因素的影响。对于与推定义务有关的经济利益流出金额，企业应当根据履行相关义务所需支出的最佳估计数进行估计，并综合考虑有关货币时间价值、风险等因素的影响。

（三）所有者权益

所有者权益是指企业资产扣除负债后由所有者享有的剩余权益。公司的所有者权益又称为股东权益。所有者权益是所有者对企业资产的剩余索取权，是企业资产中扣除债权人权益后应由所有者享有的部分。通过所有者权益既可反映所有者投入资本的保值增值情况，又可以树立保护债权人权益的理念。

按照所有者权益的定义，所有者权益应同时具备以下几个方面的特征：

1. 所有者权益是在资产减去负债后留剩在资产中所体现的剩余权益，其数额大小是由资产减负债后的余额决定的。

2. 所有者权益一般表现为企业所有者的投资及其增加的权益，其数额大小受所有者投资增减的影响。

3. 所有者权益一般表现为企业所有者的投资及其增加的权益，其数额大小也受利润分派多少的影响。

所有者权益的来源包括所有者投入的资本、直接计入所有者权益的利得和损失、留存收益等，通常由股本（或实收资本）、资本公积（含股本溢价或资本溢价、其他资本公积）、盈余公积和未分配利润构成。所有者投入的资本是指所有者投入企业的全部资本，既包括构成企业注册资本或者股本部分的金额，也包括投入资本超过注册资本或者股本部分的金额，即资本溢价或者股本溢价，这部分投入资本在我国企业会计准则体系中被计入了资本公积。

直接计入所有者权益的利得和损失，是指不应计入当期损益、会导致所有者权益发生增减变动的、与所有者投入资本或者向所有者分配利润无关的利得或者损失。其中，利得是指由企业非日常活动所形成的、会导致所有者权益增加的、与所有者投入资本无关的经济利益流入。损失是指由企业非日常活动所发生的、会导致所有者权益减少的、与向所有者分配利润无关的经济利益流出。直接计入所有者权益的利得和损失主要指可供出售金融资产的公允价值变动损益、以权益结算的股份支付和现金流量套期中，有效套期部分的公允价值变动损益等。

留存收益是指企业历年实现的净利润留存于企业的部分，主要包括累计计提的盈余公积和未分配利润。其中盈余公积又包括法定公积金和任意公积金。

所有者权益体现的是所有者在企业中的剩余权益，因此，所有者权益的确认主要依赖于其他会计要素的确认，尤其是依赖资产和负债的确认；所有者权益金额的确定也主要取决于资产和负债的计量。例如，企业接受投资者投入的资产，在该资产符合企业资产确认条件时，就相应地符合了所有者权益的确认条件；当该资产的价值能够可靠计量时，所有者权益的金额也就相应可以确定。

（四）收入

收入是指企业在日常活动中形成的、会导致所有者权益增加的、与所有者投入资本无关的经济利益的总流入。

按照收入的定义，收入应同时具备以下几个方面的特征：

1. 收入是企业在日常活动中形成的，其中日常活动是指企业为完成其经营目标所从事的经常性活动以及与之相关的活动。例如，工业企业制造并销售产品、商业企业销售商品、保险公司签发保单、咨询公司提供咨询服务、商业银行对外贷款等，均属于企业的日常活动。明确界定日常活动是为了将收入与利得相区分，因为企业非日常活动所形成的经济利益的流入不能确认为收入，而应当计入利得。

2. 收入会导致所有者权益的增加，与收入相关的经济利益的流入应当会导致所有者权益的增加，不会导致所有者权益增加的经济利益的流入不符合收入的定义，不应确认为收入。例如，企业向银行借入款项，尽管也导致了企业经济利益的流入，但该流入并不导致所有者权益的增加，反而使企业承担了一项现时义务。企业对于因借入款项所导致的经济利益的增加，不应将其确认为收入，应当确认一项负债。

3. 收入是与所有者投入资本无关的经济利益的总流入，收入应当会导致经济利益的流入，从而导致资产的增加。例如，企业销售商品，应当收到现金或者在未来有权收到现金，才表明该交易符合收入的定义。但是在实务中，经济利益的流入有时是所有者投入资本的增加所导致的，所有者投入资本的增加不应当确认为收入，应当将其直接确认为所有者权益。

收入一般由主营业务收入（或基本业务收入）和其他业务收入（或附营业务收入）构成。其中：主营业务收入一般是指收入金额大、所占比重高、业务发生比较频繁的经济利益流入，如工业企业的产品销售收入、商品流通企业的商品销售收入、施工企业的工程结算收入等。其他业务收入则是指收入金额小、所占比重低、业务发生比较不频繁的经济利益流入，如工业企业的材料销售收入、技术转让收入、固定资产出租收入等。

企业收入的来源渠道是多种多样的，不同收入来源的特征有所不同，其收入确认条件也往往存在差别，如销售商品、提供劳务、让渡资产使用权等。一般而言，收入只有在经济利益很可能流入从而导致企业资产增加或者负债减少，且经济利益的流入额能够可靠计量时才能予以确认，即收入的确认至少应当符合以下三个条件：

（1）与收入相关的经济利益应当很可能流入企业；

（2）经济利益流入企业的结果会导致资产的增加或者负债的减少；

（3）经济利益的流入额能够可靠计量。

（五）费用

费用是指企业在日常活动中发生的、会导致所有者权益减少的、与向所有者分配利润无关的经济利益的总流出。

按照费用的定义，费用应同时具备以下几个方面的特征：

1. 费用是企业在日常活动中形成的，日常活动的界定与收入定义中涉及的日常活动的界定相一致。日常活动所产生的费用通常包括营业成本、职工薪酬、折旧费、无形资产摊销费等。将费用界定为日常活动所形成的，是为了将费用与损失相区分，企业非日常活动所形成的经济利益的流出不能确认为费用，而应当计入损失。

2. 费用会导致所有者权益的减少，不会导致所有者权益减少的经济利益的流出不符合费用的定义，不应确认为费用，如将银行存款用于偿还银行贷款，会形成经济利益流出企业，但不会导致所有者权益减少，所以不能确认为费用。

3. 费用是与向所有者分配利润无关的经济利益的总流出，费用的发生应当会导致经济利益的流出，从而导致资产的减少或者负债的增加（最终也会导致资产的减少）。其表现形式包括现金或者现金等价物的流出，存货、固定资产和无形资产等的流出或者消耗等。鉴于企业向所有者分配利润也会导致经济利益的流出，而该经济利益的流出显然属于所有者权益的抵减项目，不应确认为费用，应当将其排除在费用的定义之外。

费用一般由成本费用和期间费用构成。成本费用是指计入生产经营成本的费用，即企业为生产商品和提供劳务等而发生的费用，如工业企业计入产品成本的直接人工、直接材料、其他直接支出和制造费用，商品流通企业计入商品采购成本的各项支出（如计入国内购进商品采购成本的国内购进商品的原始进价、购入环节缴纳的税金等，计入国外购进商品采购成本的进价、进口税金、付给代理单位海外运保费及佣金等）。期间费用是指计入当期损益的费用，指企业行政管理部门为组织与管理生产经营活动而发生的管理费用和财务费用，为销售商品和提供劳务发生的销售费用。

由于费用的确认会导致经济利益流出企业，因此，费用的确认除了应当符合定义外，还应当满足严格的条件，即费用只有在经济利益很可能流出从而导致企业资产减少或者负债增加，且经济利益的流出额能够可靠计量时才能予以确认。因此，费用的确认至少应当符合以下三个条件：

（1）与费用相关的经济利益应当很可能流出企业；

（2）经济利益流出企业的结果会导致资产的减少或者负债的增加；

（3）经济利益的流出额能够可靠计量。

（六）利润

利润是指企业在一定会计期间的经营成果。通常情况下，如果企业实现了利润，表明企业的所有者权益将增加，业绩得到了提升；反之，如果企业发生了亏损（利润为负数），表明企业的所有者权益将减少，业绩下降。因此，利润往往是评价企业管理层业绩的一项重要指标，也是投资者、债权人等会计信息使用者进行决策时的重要参考依据。

按照利润的定义，利润应同时具备以下几个方面的特征：

1. 利润是企业一定时期用货币表现的最终财务成果。

2. 利润数额的大小是通过收入减费用后的余额决定。

3. 计算利润的收入是广义的收入，包括前述作为会计要素的收入、投资收益、营业外收入及相关资产的公允价值变动收益；计算利润的费用是广义的费用，包括前述作为会计要素的费用、投资损失、营业外支出及相关资产的公允价值变动损失。

利润包括收入减去费用后的净额、直接计入当期利润的利得和损失等。其中，收入减去费用后的净额反映的是企业日常活动的业绩，直接计入当期利润的利得和损失反映的是企业非日常活动的业绩。直接计入当期利润的利得和损失，是指应当计入当期损益、会导致所有者权益发生增减变动的、与所有者投入资本或者向所有者分配利润无关的利得或者损失。企业应当严格区分收入和利得、费用和损失之间的区别，以更加全面地反映企业的经营业绩。

利润体现的是收入减去费用、利得减去损失后的净额的概念，因此，利润的确认主要依赖于收入和费用以及利得和损失的确认，其金额的确定也主要取决于收入、费用、利得、损失金额的计量。

上述是企业财务会计的六项基本要素，是财务会计报表组成项目的基本分类。可以分为两类：一类反映企业某一时期的财务状况；另一类反映企业某一时期的经营成果。

反映企业财务状况的要素是资产、负债和所有者权益，三者之间存在着下列数量关系：

$$资产=负债+所有者权益$$

上式通称会计平衡公式，是确立账户结构和复式记账法的基础。由于所有者权益是企业投资者对企业净资产的所有权，因而上式又可表述为：

$$资产-负债=所有者权益$$

由于负债属于债权人权益，所以上述等式也可表述为：

$$资产=权益$$

反映企业经营成果的要素是收入、费用和利润，三者之间存在下列数量关系：

收入 - 费用 = 利润

由于一定期间（如一年）的经营成果必然影响该期间终了时日（如年末）的财务状况，因此，以上两类要素之间存在下列数量关系：

资产 - 负债 = 所有者权益 + 利润（分配前）

或：资产 + 费用 = 负债 + 所有者权益 + 收入

上列公式综合地反映了一定期间企业资金运动（价值运动）的变动及其变动的结果。

三、企业财务会计的基础

企业财务会计的基础是企业财务会计存在和发展的根本和起点，根据《企业会计准则》，企业财务会计的确认、计量和报告应当以权责发生制为基础。权责发生制也称应计制、应收应付制，是以本期内取得收款权利或承担支付责任为基础来确定本期的收入或费用，凡应属本期内已获得收款权利的收入或应承担支付责任的费用，不论款项是否已经实际收到或支付，均作为本期收入或费用处理；反之，凡不应归属本期内获得收款权利的收入或应承担支付责任的费用，即使其款项已在本期内实际收到或付出，也不作为本期的收入或费用处理。

权责发生制和收付实现制是确定当期收入和费用的两种会计基础。收付实现制也称现金制、现收现付制，是完全以本期内实际收到或支付款项为基础来确定本期的收入或费用，凡本期内未曾收款的收入和未曾付款的费用，即使归属本期，也不作为本期的收入和费用处理。

收付实现制的核算手续比较简便，但不能正确反映各期的财务成果，只适用于事业单位和一些小型零售、服务性企业的会计核算。权责发生制的核算手续比较复杂，需要运用一些如应计、应付、预提、摊销等账务处理手段，并通过相应的会计账户加以归类反映，但能够揭示收入与费用之间的因果关系，体现收入与费用的配比关系，更为准确地反映出特定期间财务成果的真实状况。

第二节　企业财务会计的职能和目标

一、企业财务会计的职能

会计的职能是会计固有的功能，是会计本质的体现。现代会计作为一个经济信息系统，具有以下五项职能：反映经济活动；控制经济活动；评价经营业绩；预测经营前景；提供经营决策支持。财务会计的基本职能是反映和控制，其中反映职能是决定会计本质的首要职能。

首先，反映经济活动。企业经济活动过程客观地存在于数量方面，财务会计通过某一系列程序和方法，把已经发生或已经完成的经济活动的数据记录下来，并经过必要的计算、分析、综合，加工成为全面、系统的财务信息，包括资产、负债、所有者权益增减的信息，费用发生的信息，收入取得和利润实现及其分配的信息等，主要反映企业已经形成的财务状况、财务状况的变化和经营成果，为控制经济活动、评价经营业绩提供必要依据，并可供预测经营前景和进行经营决策时参考。在会计的反映职能中，记录是最基本的内容，但记录所反映的往往是事物的表面现象，只有把记录的原始数据进行必要的计算加工（主要是分析、综合），分类汇总成为一系列财务信息，才能深入经济过程的内部，揭示客观事物的本质联系，因此，分析、综合是反映的深化，是反映职能的重要因素。

其次，控制经济活动。会计对经济的控制，主要在于引导经济活动按照预定的计划和要求进行，以实现既定的目标。财务会计的控制职能主要体现于会计监督方面，会计监督通常是通过会计确认来实现的。在我国，国家财经政策、法规、企业会计准则、企业会计制度、计划或预算等，是实施会计监督的依据。财务会计经过对企业经济活动有关数据进行会计确认，把符合会计确认标准的数据进行加工处理，提供反映计划或预算实际执行情况的财务信息，同时分析与检查企业经济活动是否符合国家财经政策和法规的要求，是否偏离计划或预算，是否取得预期的效益，使企业管理部门能及时采取措施，对经济活动进行必要的调节，或制止不合法和不合理的经济活动。

再次，评价经营业绩。财务会计的评价职能是通过财务报表的分析来实现的。财务会计提供企业财务状况和经营成果的历史信息，反映了企业生产经营活动、筹资活动和投资活动各个方面的实绩；通过对比分析在财务报告中予以揭示，就能从财务方面全面地评价经济活动的成败得失及其原因，肯定成绩，发现问题，并提出改进经营管理的对策。

最后，财务会计还具有预测经营前景和提供经营决策支持的某些功能。财务会计提供的历史信息，有的具有预测价值，有的与经营决策相关。例如，影响企业财务状况的由企业所控制的经济资源及其利用效果的资料，有助于预计企业今后获取收入的能力；关于资金结构的资料，有助于预计今后的借款需要、现金流量和利润分配的情况，也有助于预计企业进一步筹集资金的成功程度；关于资金流动性和偿债能力的资料，有助于预计企业在未来财务承诺到期时的履约能力；关于企业经营业绩变化的资料，有助于预计企业在现有资源基础上的获利能力和利用新增资源可能取得的效益；关于企业财务状况变动的资料，有助于评价企业过去投资、筹资和经营等活动，等等。所有这些，对做出经营决策都是必需和有用的。

二、企业财务会计的目标

会计的目标是指会计应当达到的目的要求，主要涉及两个方面：一是向那些信息使用者提供信息；二是向信息使用者提供信息。会计目标随着社会制度、经济体制等客观环境的变化而变更，各信息使用者对会计信息的需要不尽相同。

企业财务会计主要通过包括财务报表在内的财务报告对使用者提供信息。财务报告（表）的目标或目的，一般理解为财务会计的目标。

国际会计准则委员会公布的《国际会计准则——关于编制和提供财务报表的框架》认为：“财务报表的目标是提供在经济决策中有助于一系列使用者的关于企业财务状况、经营业绩和财务状况变动的资料”，“财务报表的使用者包括现有的和潜在的投资者、雇员、贷款人、供应商和其他的商业债权人、顾客、政府及其机构和公众。他们利用财务报表来满足对资料的某些不同需要。”投资者“关心他们投资的内在风险和投资报酬，他们需要资料来帮助他们决定是否应当买进、保持或卖出；股东们还关心能帮助他们评估企业支付股利的资料”；“贷款人关心那些使他们确定自己的贷款和贷款利息能否得到按期支付的资料”；“供应商和其他债权人关心能使他们确定企业所欠他们的款项能否如期支付的资料”；“政府及其机构关心资源的分配，因此也关心企业的活动。为了管制企业的活动，决定税收政策和作为国民收入等统计资料的基础，他们也需要资料”。

美国财务会计准则委员会发表的第 1 号财务会计概念公告——《企业财务报告的目标》认为，财务报告目标主要包括以下几个方面：

1. 应该提供对现在的和可能的投资者、债权人和其他使用者做出合理的投资、信贷和类似决策有用的信息。

2. 应该提供有助于现在的和可能的投资者、债权人以及其他使用者评估来自股利或利息以及来自销售、偿付、到期证券或贷款等的实得收入和预期现金收入的金额、时间分布和不确定性的信息；应该提供关于企业的经济资源，对这些资源的要求权，以及使资源和对这些资源的要求权发生变动的交易、事项和情况的影响的信息。

3. 应该提供关于企业的经济资源、债务和业主权益的信息（这些信息有助于识别企业的财务实力和弱点，并评估其变现能力和偿债能力）。

4. 应该提供关于企业在某一期间的财务经营成果的信息。

5. 应该提供关于企业如何获得并花费现金的信息；关于企业的举债和偿还债款的信息；关于资本交易的信息（包括分配给股东的现金股利和其他的企业资源的信息）；关于可能影响企业的变现能力或偿债能力的信息。

6. 应该提供关于企业管理当局在使用业主委托给它的企业资源时是怎样履行对业主（股东）的“管家”责任的信息。

7. 应该提供对企业经理和董事们在按照业主利益进行决策时有用的信息。

在我国当前的社会主义市场经济条件下，各类企业的会计信息使用者以及他们需要的信息，与以上所述的大致相同，所不同的是，国家既是宏观经济管理者，又是国有企业和含有国家投资的企业的投资者，因此，国家也就要求企业提供有助于宏观调控、优化社会经济资源配置和进行合理投资决策所必需的信息。

综上所述，企业财务会计的主要目标是向政府机构、企业外部投资者、债权人和其他与企业有利害关系的单位或个人及企业管理当局等一系列信息使用者提供有助于做出投资、信贷及其他有关决策的企业财务状况、经营业绩和财务状况变动的各种财务信息和非财务信息，主要包括关于资产、负债和所有者权益状况，现金流动或其他资金流动等能反映企业财务实力、变现能力和偿债能力的信息，关于收入、利润形成及其分配等能反映企业经营成绩、获利能力、支付现金股利能力及重新投资能力的信息。

第三节　企业财务会计的信息质量要求

会计信息质量要求亦称为会计原则，是实现企业财务会计目标的基本要求，是使财务报告中所提供会计信息对投资者等使用者决策有用应具备的基本特征，主要包括可靠性、相关性、可理解性、可比性、实质重于形式、重要性、谨慎性和及时性等。其中，可靠性、相关性、可理解性和可比性是会计信息的首要质量要求，是企业财务报告中所提供会计信息应具备的基本质量特征；实质重于形式、重要性、谨慎性和及时性是会计信息的次要质量要求，是对可靠性、相关性、可理解性和可比性等首要质量要求的补充和完善，尤其是对某些特殊交易或者事项进行处理时，需要根据这些质量要求来把握其会计处理原则。另外，及时性还是会计信息相关性和可靠性的制约因素，企业需要在相关性和可靠性之间寻求一种平衡，以确定信息及时披露的时间。

一、可靠性

会计信息质量的可靠性，要求企业应当以实际发生的交易或者事项为依据进行确认、计量和报告，如实反映符合确认和计量要求的各项会计要素及其他相关信息，保证会计信息真实可靠、内容完整。会计信息要有用，必须以可靠为基础，如果财务报告所提供的会计信息是不可靠的，就会给投资者等使用者的决策产生误导甚至损失。

可靠性要求企业应当做到：一是以实际发生的交易或者事项为依据进行确认、计量，将符合会计要素定义及其确认条件的资产、负债、所有者权益、收入、费用和利润等如实反映在财务报表中，不得根据虚构的、没有发生的或者尚未发生的交易或者事项进行确认、计量和报告；二是在符合重要性和成本效益原则的前提下保证会计信息的完整性，其中包括应当编制的报表及其附注内容等应当保持完整，不能随意遗漏或者减少应予披露的信息，与使用者决策相关的有用信息都应当充分披露。

二、相关性

会计信息质量的相关性，要求企业提供的会计信息应当与投资者等财务报告使用者的经济决策需要相关，有助于投资者等财务报告使用者对企业过去、现在或者未来的情况做出评价或者预测。会计信息是否有用、是否具有价值，关键是看其与使用者的决策需要是否相关、是否有助于决策或者提高决策水平。相关的会计信息应当能够有助于使用者评价企业过去的决策，证实或者修正过去的有关预测，因而具有反馈价值。相关的会计信息还应当具有预测价值，有助于使用者根据财务报告所提供的会计信息预测企业未来的财务状况、经营成果和现金流量。例如，区分收入和利得、费用和损失，区分流动资产和非流动资产、流动负债和非流动负债以及适度引入公允价值等，都可以提高会计信息的预测价值，进而提升会计信息的相关性。

三、可理解性

会计信息质量的可理解性也称为明晰性，是指会计记录和会计报告要做到清晰完整，简明扼要，数字记录和文字说明能一目了然地反映企业经济活动的来龙去脉，便于会计信息使用者正确理解和有效利用。企业编制财务报告、提供会计信息的目的在于使用，而要令使用者有效使用会计信息，应当让其了解会计信息的内涵，明白会计信息的内容。这就要求财务报告所提供的会计信息应当清晰明了，易于理解。只有这样，才能提高会计信息的有用性，实现财务报告的目标，满足向投资者等财务报告使用者提供决策有用信息的要求。[①]

---

① 葛家澍，林志军．现代西方财务会计理论 [M]. 厦门：厦门大学出版社，1990.

四、可比性

会计信息质量的可比性，要求企业提供的会计信息应当相互可比。一方面要求同一企业不同时期的会计信息可比。为了便于投资者等财务报告使用者了解企业财务状况、经营成果和现金流量的变化趋势，比较企业在不同时期的财务报告信息，全面、客观地评价过去、预测未来，从而做出决策，会计信息质量的可比性要求同一企业不同时期发生的相同或者相似的交易或者事项，应当采用一致的会计政策，不得随意变更。但是，满足会计信息可比性要求，并非表明企业不得变更会计政策，如果按照规定或者在会计政策变更后可以提供更可靠、更相关的会计信息的，可以变更会计政策。有关会计政策变更的情况，应当在附注中予以说明。另一方面要求不同企业相同会计期间会计信息可比。为了便于投资者等财务报告使用者评价不同企业的财务状况、经营成果和现金流量及其变动情况，会计信息质量的可比性要求不同企业同一会计期间发生的相同或者相似的交易或者事项，应当采用规定的会计政策，确保会计信息口径一致、相互可比，以使不同企业按照一致的确认、计量和报告要求提供有关会计信息。

五、实质重于形式

会计信息质量的实质重于形式，要求企业应当按照交易或者事项的经济实质进行会计确认、计量和报告，不仅仅以交易或者事项的法律形式为依据。企业发生的交易或事项，在多数情况下，其经济实质和法律形式是一致的。但在有些情况下，会出现不一致。例如，企业按照销售合同销售商品但又签订了售后回购协议，虽然从法律形式实现了收入，但如果企业没有将商品所有权上的主要风险和报酬转移给购货方，没有满足收入确认的各项条件，即使签订了商品销售合同或者已将商品交付给购货方，也不应当确认销售收入。

六、重要性

会计信息质量的重要性，是指会计报表全面地反映企业财务状况和经营成果的前提下，对于那些预期可能对进行经济决策发生重大影响的事项，应单独反映，重点说明。而对于影响很小的、不重要的经济事项，则可以根据会计信息的效用与核算本身的耗费的对比关系，在会计记录或会计报表上予以简化或省略。重要性要求企业提供的会计信息应当反映与企业财务状况、经营成果和现金流量有关的所有重要交易或者事项。如果会计信息的省略或者错报会影响投资者等财务报告使用者据此做出的决策，该会计信息就具有重要性。重要性的应用需要依赖职业判断，企业应当根据其所处环境和实际情况，从项目的性质和金额大小两方面加以判断。

七、谨慎性

会计信息质量的谨慎性，要求企业对交易或者事项进行会计确认、计量和报告应当保持应有的谨慎，不应高估资产或者收益、低估负债或者费用。在市场经济环境下，企业的生产经营活动面临着许多风险和不确定性，如应收款项的可收回性、固定资产的使用寿命、无形资产的使用寿命、售出存货可能发生的退货或者返修等。会计信息质量的谨慎性要求，需要企业在面临不确定性因素的情况下做出职业判断时，应当保持应有的谨慎，充分估计到各种风险和损失，既不高估资产或者收益，也不低估负债或者费用。例如，要求企业对可能发生的资产减值损失计提资产减值准备、对售出商品可能发生的保修义务等确认预计负债时，就体现了会计信息质量的谨慎性要求。谨慎性的应用也不允许企业设置秘密准备，如果企业故意低估资产或者收益，或者故意高估负债或者费用，将不符合会计信息的可靠性和相关性要求，损害会计信息质量，扭曲企业实际的财务状况和经营成果，从而对使用者的决策产生误导，这是会计准则所不允许的。

八、及时性

会计信息质量的及时性，是指应当对企业的经济活动进行会计处理，形成各种会计资料，并把会计资料及时地传递出去，保持会计信息的时效性，以供使用者有效地加以利用。在会计核算过程中遵行及时性原则，主要做到以下三个方面的及时：一是要求及时收集会计信息，即在经济业务发生后，及时收集整理各种原始单据；二是及时处理会计信息，即在国家统一的会计制度规定的时限内，及时编制出财务会计报告；三是及时传递会计信息，即在国家统一的会计制度规定的时限内，及时将编制出的财务会计报告传递给财务会计报告使用者。及时性要求企业对于已经发生的交易或者事项，应当及时进行确认、计量和报告，不得提前或者延后。会计信息的价值在于帮助所有者或者其他方面做出经济决策，具有时效性。即使是可靠、相关的会计信息，如果不及时提供，就失去了时效性，对于使用者的效用就大大降低，甚至不再具有实际意义。

第四节　企业财务会计的计量属性及原则

会计计量是为了将符合确认条件的会计要素登记入账并列报于财务报表而确定其金额的过程。企业应当按照规定的会计计量属性进行计量，确定相关金额。

一、计量属性

会计计量属性主要包括历史成本、重置成本、可变现净值、现值和公允价值等。

（一）历史成本

历史成本又称为实际成本，就是取得或制造某项财产物资时所实际支付的现金或者其他等价物。在历史成本计量下，资产按照其购置时支付的现金或者现金等价物的金额，或者按照购置资产时所付出的对价的公允价值计量。负债按照其因承担现时义务而实际收到的款项或者资产的金额，或者承担现时义务的合同金额，或者按照日常活动中为偿还负债预期需要支付的现金或者现金等价物的金额计量。

历史成本计价的优点：

1. 在市场上客观确定的成交购进价格，具有客观性；

2. 在物价稳定的情况下能体现企业可用的资源数额；

3. 由过去市场上成交所确定，有原始凭证为依据，具有可验证性；

4. 有助于确定在取得或生产资产时耗用资源的经营责任。

但按历史成本计价也有一定的缺点：

1. 仅能反映资产在购入或生产时的价格，而不能反映其投入价值的不断变化，因而很快就成为过时的计量；

2. 在物价变动的情况下，不同时期购入的资产的成本缺乏可比性，加总得不出有意义的总括数字；

3. 根据计算的销货成本和按现行市价计算的销货收入相配比，不能确切地计量本期的经营成果。

（二）重置成本

重置成本又称现行成本，是指按照当前市场条件，重新取得同样一项资产所需支付的现金或现金等价物金额。在重置成本计量下，资产按照现在购买相同或者相似资产所需支付的现金或者现金等价物的金额计量。负债按照现在偿付该项债务所需支付的现金或者现金等价物的金额计量。

重置成本计价的优点是：

1. 反映的资产价值较接近于现行变现净值，更为真实；

2. 使前后各期获取的资产成本具有可比性，加总得出的资产价值具有实在的经济意义；

3. 以重置成本与现时收入配比计算净收益，能比较确切地反映当期的经营成果；

4. 能避免物价变动时期收益计算的虚假现象，并确保企业资产耗用的实物补偿。

资产按重置成本计价的缺点，主要是：

1. 资产（特别是季节性的，特种型号资产）的重置成本资料往往难以获得，因而缺乏客观性，从而影响资产信息的可靠性；

2. 在物价变动情况下，按资产项目分别确定现行重置成本的工作量相当繁重。

（三）可变现净值

可变现净值是指在正常生产经营过程中，以预计售价减去进一步加工成本和销售所必需的预计税金、费用后的净值。在可变现净值计量下，资产按照其正常对外销售所能收到现金或者现金等价物的金额扣减该资产至完工时估计将要发生的成本、估计的销售费用以及相关税金后的金额计量。

资产按可变现净值计价的优点是：

1. 可合理地使费用和收入相配比，正确计算本期收益；

2. 可更好地反映资产的实际经济价值。

但其缺点是：

1. 售价和追加成本的确定具有较大的主观性；

2. 其包括了未实现的销售利润，不符合稳健性原则和实现原则。

（四）现值

现值是指对未来现金流量以恰当的折现率进行折现后的价值，是考虑货币时间价值因素等的一种计量属性。在现值计量下，资产按照预计从其持续使用和最终处置中所产生的未来净现金流入量的折现金额计量。负债按照预计期限内需要偿还的未来净现金流出量的折现金额计量。

资产按未来现金流量现值计价的优点是：

1. 能较好地反映资产的预期经济价值；

2. 资产的计价能较好地体现资产定义。

其缺点是：

1. 确定某项资产的预期现金流入比较困难，其时间分布和数额带有主观判断性，难以验证；

2. 贴现率的选择也可能受主观因素的影响。

（五）公允价值

公允价值是指在公平交易中，熟悉情况的交易双方自愿进行资产交换或者债务清偿的金额。在公允价值计量下，资产和负债按照在公平交易中，熟悉情况的交易双方自愿进行资产交换或者债务清偿的金额计量。

资产按公允价值计价的优点是：

1. 其接近于企业所能获得的现金，真实地反映真实的实际经济价值，从而使收益计算比较真实；

2. 能提供企业现时财务状况、应变能力的相关信息。

但其缺点：

1. 某些资产（如在产品、半成品等）没有现成的公允价值，计价较困难；

2. 资产能否售出、能否及时收回现金，存在一定的不确定性，在销售前就按公允价值确认其价值，不符合谨慎性原则和可靠性原则。

二、计量原则

企业在对会计要素进行计量时，一般应当采用历史成本，采用重置成本、可变现净值、现值、公允价值计量的，应当保证所确定的会计要素金额能够取得并可靠计量。

我国企业会计准则体系建设适度、谨慎地引入了公允价值这一计量属性，在引入公允价值过程中，我国充分考虑了公允价值应用的三个级次：

1. 存在活跃市场的资产或负债，活跃市场中的报价应当用于确定其公允价值。

2. 不存在活跃市场的，参考熟悉情况并自愿交易的各方最近进行的市场交易中使用的价格或参照实质上相同的其他资产或负债的当前公允价值。

3. 不存在活跃市场，且不满足上述两个条件的，应当采用估值技术等确定资产或负债的公允价值。

需要注意的是，我国引入公允价值是适度、谨慎和有条件的。原因是考虑到我国尚属新兴的市场经济国家，如果不加限制地引入公允价值，有可能出现公允价值计量不可靠，甚至会出现借此人为操纵利润的现象。因此，在投资性房地产和生物资产等具体准则中规定，只有存在活跃市场、公允价值能够取得并可靠计量的情况下，才能采用公允价值计量。

第二章

财务审计基础知识

第一节 企业财务审计概述

一、企业财务审计的定义

企业财务审计是指由国家审计机关、社会审计组织和内部审计机构及其专职审计人员，依照审计准则和相关法律、法规，并采用现代审计技术依法独立地对企业的资产、负债、所有者权益和损益等会计信息的真实性，财务收支业务和相关经济活动的合法性、合理性、效益性，以及对企业的经营管理者应承担的经济责任进行审查、监督、鉴证与评价，借以揭示错弊，维护财经法纪，提高企业经济效益并促进宏观调控的审查监督体系。

需要指出的是，企业财务审计是现代企业环境和现代审计环境相结合的产物，它揭示了企业财务审计是一个发展的概念。企业财务审计，明确地将其范围界定在国有企业及国有控股企业和其他企业的财务审计范畴之中，不是泛指对社会所有财务活动的审计，如不包括对社会捐赠资金、社会保障资金、境外援助资金、境外贷款资金和国家对基本建设项目的固定资产投资等方面的审计。

二、企业财务审计的内容

财务审计是对被审计单位的会计资料及其所反映的财政收支、财务收支活动的真实性、正确性、公允性、合法性和合规性所进行的审计，又称传统审计或常规审计。根据被审计单位的不同，财务审计的范围主要包括对实行预算管理的行政事业单位财务收支的审计、基本建设项目的财务收支情况审计，以及对实行营利管理的企业财务收支的审计等。就企业财务审计而言，企业财务审计的对象主要包括以下两个方面：

一是被审计单位的财务收支及其有关的经济活动；二是记载和反映这些经济活动的会计报表及相关资料。将企业财务审计对象的内容具体化，就构成了企业财务审计的内容。一般而言，企业财务审计的内容主要包括以下七项：

（一）财务报表审计

财务报表审计是对企业的资产负债表、利润表、现金流量表、所有者权益变动表、财务报表附注，以及相关的会计账簿和会计凭证的真实性、合法性进行审计。

（二）资产审计

资产审计是对企业的各项资产进行审计，包括对流动资产、长期股权投资、持有至到期投资、固定资产及其累计折旧、在建工程、无形资产和其他资产的安全完整、保值增值所进行的审计。

（三）负债审计

负债审计是对企业的各项负债进行审计，包括对流动负债和长期负债的情况进行审计。具体包括短期借款、应付票据、应付账款、预收账款、其他应付款、应付职工薪酬、应交税费、应付利润、长期借款、应付债券、长期应付款等项目的审计。

（四）所有者权益审计

所有者权益审计是对企业的各项所有者权益进行审计，包括对实收资本、资本公积、盈余公积和未分配利润的真实性、合法性进行审计。

（五）收入审计

收入审计是对企业的营业收入进行审计，包括通过对销货与收款循环的内部控制制度测试，营业收入的实质性测试，从而对营业收入真实性、合法性进行审计。

（六）费用审计

费用审计是对企业的成本费用进行审计，包括产品成本的审计、营业成本的审计、营业税金及附加的审计和期间费用的审计。

（七）利润审计

利润审计是对企业的利润形成及其分配项目进行审计，包括营业利润、利润总额、所得税费用的审计，以及对利润分配的情况进行审计。

三、企业财务审计的目标

审计目标是指人们在特定的社会历史环境中，期望通过审计实践活动达到的最终结果，或者是指审计活动的目的与要求。无论是国家审计、内部审计还是注册会计师审计，审计目标都必须满足其服务领域的特殊需要，从而表现出各自的特点，但从本质上看，审计目标都是审查评价受托经济责任的履行情况。以注册会计师审计为例，具体分析如下：

（一）审计总体目标的演变

第一阶段：详细审计阶段，审计总体目标是查错防弊，保护资产的安全与完整。

第二阶段：资产负债表审计阶段，审计总体目标是判断被审计单位的财务状况和偿债能力。

第三阶段：财务报表审计阶段，审计总体目标是对被审计单位财务报表的合法性和公允性发表审计意见。

（二）财务报表审计的总目标

根据《中国注册会计师审计准则第 1101 号——注册会计师的总体目标和审计工作的基本要求》，在执行财务报表审计工作时，注册会计师的总体目标包括两个方面：一是对财务报表整体是否不存在由于舞弊或错误导致的重大错报获取合理保证，使得注册会计师能够对财务报表是否在所有重大方面按照适用的财务报告编制基础编制发表审计意见（就大多数通用目的财务报告框架而言，注册会计师针对财务报表是否在所有重大方面按照财务报告编制基础编制并实现公允反映发表审计意见）；二是按照审计准则的规定，根据审计结果对财务报表出具审计报告，并与管理层和治理层沟通。财务报表审计的总体目标对注册会计师的审计工作发挥着导向作用，它界定了注册会计师的责任范围，直接影响注册会计师计划和实施审计程序的性质、时间安排和范围，决定了注册会计师如何发表审计意见。

（三）认定与具体审计目标

认定是指被审计单位管理层对财务报表组成要素的确认、计量、列报做出的明确或者隐含的表达。认定与审计目标密切相关，审计人员的基本职责就是确定被审计单位管理层对其财务报表的认定是否恰当。审计人员了解认定，就很容易确定每个项目的具体审计目标，并以此作为评估重大错报风险以及设计和实施进一步审计程序的基础。

1. 与各类交易和事项相关的审计目标。与各类交易和事项相关的审计目标主要包括以下五个方面：

（1）发生。由发生认定推导的审计目标是已记录的交易是真实的。例如，如果没有发生销售交易，但在销售日记账中记录了一笔销售，则违反了该目标。发生认定所要解决的问题是管理层是否把那些不曾发生的项目记入财务报表，它主要与财务报表组成要素的高估有关。

（2）完整性。由完整性认定推导的审计目标是已发生的交易确实已经记录。例如，如果发生了销售交易，但没有在销售日记账和总账中记录，则违反了该目标。发生和完整性两者强调的是相反的关注点。发生目标针对潜在的高估，而完整性目标则针对漏记交易（低估）。

（3）准确性。由准确性认定推导出的审计目标是已记录的交易按正确金额反映的。例如，如果在销售交易中，发出商品的数量与账单上的数量不符，或是开账单时使用了错误的销售价格，或是账单中的乘积或加总有误，或是在销售日记账中记录了错误的金额，则违反了该目标。准确性与发生、完整性之间存在区别。例如，若已记录的销售交易是不应当记录的（如发出的商品是寄销商品），则即使发票金额是准确计算的，仍违反了发生目标。再如，若已入账的销售交易是对正确发出商品的记录，但金额计算错误，则违反了准确性目标，但没有违反发生目标。在完整性与准确性之间也存在同样的关系。

（4）截止。由截止认定推导出的审计目标是接近于资产负债表日的交易记录于恰当的期间。例如，如果本期交易推到下期，或下期交易提到本期，均违反了截止目标。

（5）分类。由分类认定推导出的审计目标是被审计单位记录的交易经过适当分类。例如，如果将现销记录为赊销，将出售经营性固定资产所得的收入记录为营业收入，则导致交易分类的错误，违反了分类的目标。

2. 与期末账户余额相关的审计目标。与期末账户余额相关的审计目标，主要包括以下四个方面：

（1）存在。由存在认定推导的审计目标是记录的金额确实存在。例如，如果不存在某顾客的应收账款，在应收账款试算平衡表中却列入了对该顾客的应收账款，则违反了存在性目标。

（2）权利和义务。由权利和义务认定推导的审计目标是资产归属于被审计单位，负债属于被审计单位的义务。例如，将他人寄售商品记入被审计单位的存货中，违反了权利的目标；将不属于被审计单位的债务记入账内，违反了义务目标。

（3）完整性。由完整性认定推导的审计目标是已存在的金额均已记录。例如，如果存在某顾客的应收账款，在应收账款试算平衡表中却没有列入对该顾客的应收账款，则违反了完整性目标。

（4）计价和分摊。资产、负债和所有者权益以恰当的金额包括在财务报表中，与之相关的计价或分摊调整已恰当记录。

3. 与列报相关的审计目标。各类交易和账户余额的认定正确只是为列报正确打下了必要的基础，财务报表还可能因被审计单位误解有关列报的规定或舞弊等而产生错报。另外，还可能因被审计单位没有遵守一些专门的披露要求而导致财务报表错报。因此，即使审计人员审计了各类交易和账户余额的认定，实现了各类交易和账户余额的具体审计目标，也并不意味着获取了足以对财务报表发表审计意见的充分、适当的审计证据。审计人员还应当对各类交易、账户余额及相关事项在财务报表中列报的正确性实施审计。

发生及权利和义务。将没有发生的交易、事项，或与被审计单位无关的交易和事项包括在财务报表中，则违反该目标。例如，复核董事会会议记录中是否记载了固定资产抵押等事项，询问管理层固定资产是否被抵押，即对列报的权利认定的运用。如果抵押固定资产则需要在财务报表中列报，说明其权利受到限制。

完整性。如果应当披露的事项没有包括在财务报表中，则违反该目标。例如，检查关联方和关联交易，以验证其在财务报表中是否得到充分披露，即对列报的完整性认定的运用。

分类和可理解性。财务信息已被恰当地列报和描述，且披露内容表述清楚。例如，检查存货的主要类别是否已披露，是否将一年内到期的长期负债列为流动负债，即对列报的分类和可理解性认定的运用。

准确性和计价。财务信息和其他信息已公允披露，且金额恰当。例如，检查财务报表附注是否分别对原材料、在产品和产成品等存货成本核算方法做了恰当说明，即对列报的准确性和计价认定的运用。

第二节　审计证据与审计工作底稿

一、审计证据

（一）审计证据的定义

审计证据是指审计人员为了得出审计结论，形成审计意见而使用的所有信息，包括财务报表依据的会计记录中含有的信息和其他信息。

财务报表依据的会计记录，一般包括对初始分录的记录和支持性记录，如支票、电子资金转账记录、发票、合同、总账、明细账、记账凭证[①]和未在记账凭证中反映的对财务报表的其他调整，以及支持成本分配、计算、调节和披露的手工计算表和电子数据表。

可用作审计证据的其他信息，主要包括审计人员从被审计单位内部或外部获取的会计记录以外的信息，如被审计单位会议记录、内部控制手册、询证函的回函、分析师的报告、与竞争者的比较数据等；通过询问、观察和检查等审计程序获取的信息，如通过检查存货获取存货存在性的证据等；以及自身编制或获取的可以通过合理推断得出结论的信息，如审计人员编制的各种计算表、分析表等。

财务报表依据的会计记录中包含的信息和其他信息共同构成了审计证据，两者缺一不可。只有将两者结合在一起，才能将审计风险降至可接受的低水平，为审计人员发表审计意见提供合理基础。

（二）审计证据的类型

1. 按审计证据的来源分类

按审计证据的来源，审计证据可分为内部证据、内外证据、外内证据、外部证据。

---

① 为了避免重复记账，在现金与银行存款相互之间发生的收付业务，如从银行提取现金或现金存入银行的业务，都只填制付款凭证而不填制收款凭证。

其中：（1）内部证据是指由被审计单位产生和处理的审计证据。例如，会计账簿、产量记录都属于内部证据，因为它是由被审计单位制作、处理和保存的。这种证据证明力较低。（2）内外证据是指由被审计单位产生，但通过外部实体的活动加以处理。例如，企业签发的支票，必须由银行进行处理。（3）外内证据是指证据产生于外部，但由被审计单位进行处理或保存。例如，接受货物或劳务而得到的发票就是外内证据。（4）外部证据是指那些源自外部实体，并且不经过被审计单位的经营系统就直接被审计人员获取的证据，这类证据的证明力最强。例如，向客户索取的询证函回函。

2. 按审计证据的形式分类

按照审计证据的形式，审计证据可分为实物证据、书面证据、口头证据和环境证据。其中：（1）实物证据是指表现为实物形式，审计人员可以通过观察和清点得到的证据，如现金、固定资产和存货等。（2）书面证据又称为文件证据，是表明被审计单位经济活动的各种书面记录，如会计报表、合同协议等。（3）口头证据是指审计人员通过口头询问或咨询等方式获取的证据。一般来讲，口头证据证明力较差，它本身并不足以证明事情的真相。（4）环境证据，又称状况证据是指对企业产生影响的各种环境事实，如内部控制、企业管理人员的素质等。

3. 投审计证据的相互关系分类

按审计证据的相互关系，审计证据可分为基本证据、佐证证据和矛盾证据。其中：（1）基本证据，也称“基础证据”，是指对被审事项具有直接证明力的证据。例如，审查会计报表是否正确时，帐簿是基本证据；审查利润分配是否正确时，股东大会决议和本年可分配利润是直接证据。（2）佐证证据，也称为“确证证据”或“旁证”，是指能支持基本证据证明力的证据。例如，原始凭证可支持记账凭证的正确性，考勤记录可支持应付职工薪酬的正确性。（3）矛盾证据是指证明的内容与基本证据不一致或相反的证据。例如，某公司销售情况非常好，但报表上销售收入却不高，这就为审计人员提供了线索。

4. 按审计证据取得的方式分类

按审计证据取得的方式，审计证据可分为现成证据和非现成证据。其中：（1）现成证据是指被审计单位已有的，不需要审计人员加工的证据。例如，会计资料、财产记录、考勤记录等。（2）非现成证据是指审计人员工作后所取得的记录。例如，分析性复核记录、应收账款询证函的回函等。

（三）审计证据的特性

审计人员应当获取适当、充分的审计证据，为审计结论提供合理的基础。审计证据的充分性是对证据数量的衡量；审计证据的适当性是对证据质量的衡量。

1. 审计证据的充分性

审计证据的充分性是指审计证据的数量能足以支持审计人员的审计意见，是审计人员为形成审计意见所需审计证据的最低数量要求，但审计证据的数量不是越多越好，足够就行。审计人员需要获取的审计证据的数量受错报风险的影响，错报风险越大，需要的审计证据可能越多。

2. 审计证据的适当性

（1）审计证据的相关性。审计人员只能利用与审计目标相关联的审计证据来证明和否定管理当局所认定的事项。需要指出：第一，特定的审计程序可能只为某些认定提供相关的审计证据，而与其他认定无关。例如，检查期后应收账款收回的记录和文件可以提供有关存在和计价的审计证据，但是不一定与期末截止是否适当相关。第二，针对同一项认定可以从不同来源获取审计证据或获取不同性质的审计证据。例如，审计人员可以分析应收账款的账龄和应收账款的期后收款情况，以获取与坏账准备计价有关的审计证据。第三，只与特定认定相关的审计证据并不能替代与其他认定相关的审计证据。例如，有关存货实物存在的审计证据并不能够替代与存货计价相关的审计证据。

（2）审计证据的可靠性。审计证据的可靠性就是我们通常所说的证明力，可靠性受其来源和性质的影响。主要表现在：第一，从外部独立来源获取的审计证据比从其他来源获取的审计证据更可靠；第二，内部控制有效时内部生成的审计证据比内部控制薄弱时内部生成的审计证据更可靠；第三，直接获取的审计证据比间接获取或推论得出的审计证据更可靠；第四，以文件、记录形式（无论是纸质、电子或其他介质）存在的审计证据比口头形式的审计证据更可靠；第五，从原件获取的审计证据比从传真件或复印件获取的审计证据更可靠。

审计人员在按照上述原则评价审计证据的可靠性时，还应当注意可能出现的重要例外情况。例如，审计证据虽是从独立的外部来源获得，但如果该证据是由不知情者或不具备资格者提供，审计证据也可能是不可靠的；同样，如果审计人员不具备评价证据的专业能力，那么即使是直接获取的证据，也可能不可靠。

3. 充分性和适当性之间的关系

充分性和适当性是审计证据的两个重要特征，二者缺一不可。一方面，只有充分且适当的审计证据才是有证明力的。另一方面，审计人员获取的审计证据数量也受审计证据质量的影响，审计证据质量越高，需要的审计证据数量可能越少。也就是说，审计证据的适当性会影响审计证据的充分性。但如果审计证据的质量存在缺陷，仅获取更多的审计证据可能无法弥补其质量上的缺陷。

（四）获取审计证据的方法

审计人员获取证据的方法，简称为审计取证方法，是属于狭义的审计方法。一般而言，审计人员可以采取检查、观察、询问、函证、重新计算、重新执行和分析程序等方法获取审计证据。

二、审计工作底稿

（一）审计工作底稿的含义和编制目的

1. 审计工作底稿的含义

审计工作底稿，是指审计人员对制订的审计计划、实施的审计程序、获取的相关审计证据，以及得出的审计结论做出的记录。审计工作底稿是审计证据的载体，是审计人员在审计过程中形成的审计工作记录和获取的资料，它形成于审计过程，也反映整个审计过程。

2. 审计工作底稿编制的目的

审计人员应当及时编制审计工作底稿，以实现下列基本目的：

（1）提供证据，作为审计人员得出实现总体目标结论的基础；

（2）提供证据，证明审计人员按照审计准则和相关法律法规的规定计划和执行审计工作。

此外，审计工作底稿还可以实现下列目的：

（1）有助于项目组计划和执行审计工作；

（2）有助于项目组成员按照审计准则的规定，履行指导、监督与复核审计工作的责任；

（3）便于项目组说明其执行审计工作的情况；

（4）保留对未来审计工作持续产生重大影响事项的记录；

（5）便于会计师事务所按照质量控制准则的规定，实施质量控制复核与检查；

（6）便于监管机构和注册会计师协会根据相关法律法规或其他相关要求，对会计师事务所实施执业质量检查。

审计工作底稿是审计人员形成审计结论，发表审计意见的直接依据；是评价考核审计人员专业胜任能力和工作业绩，并明确其责任的主要依据；便于实施质量控制复核与检查，是审计质量和控制与监督的基础，对未来审计业务具有参考备查作用。

（二）审计工作底稿的编制要求

审计人员编制的审计工作底稿，应当使得未曾接触该项审计工作的有经验的专业人士清楚了解：

1. 按照审计准则和相关法律法规的规定实施的审计程序的性质、时间安排和范围；

2. 实施审计程序的结果和获取的审计证据；

3. 审计中遇到的重大事项和得出的结论，以及在得出结论时做出的重大职业判断。

有经验的专业人士，是指具有审计实务经验，并且对审计过程、审计准则和相关法律的规定、被审计单位所处的经营环境、与被审计单位所处行业相关的会计和审计问题等方面有合理了解的人士。

（三）审计工作底稿的内容与形式

1. 审计工作底稿的内容

审计工作底稿的内容包括总体审计策略、具体审计计划、分析表、问题备忘录、重大事项概要、询证的回函、书面声明、核对表、有关重大事项的往来信件（包括电子邮件）、对被审计单位文件记录的摘要或复印件、审计业务约定书、管理建议书、项目组内部或项目组与被审计单位举行的会议记录、与其他人士（如其他注册会计师、律师、专家等）的沟通文件及错报汇总表等。

2. 审计工作底稿的存在形式

审计工作底稿可以以纸质、电子或其他介质形式存在。在审计实务中，为了便于复核，审计人员可以将以电子或其他介质形式存在的审计工作底稿通过打印等方式，转换成纸质形式的审计工作底稿，并与其他纸质形式的审计工作底稿一并归档，同时应当单独保存以电子或其他介质形式存在的审计工作底稿。

（四）审计工作底稿的要素

不同的审计程序会使得审计人员获取不同性质的审计证据，由此审计人员可能会编制不同格式、内容和范围的审计工作底稿。尽管审计工作底稿的具体格式有所不同，但通常，审计工作底稿包括下列全部或部分要素：

1. 审计工作底稿的标题（每张底稿应当包括被审计单位的名称、审计项目的名称以及资产负债表日或底稿覆盖的会计期间）；

2. 审计过程记录（应当特别注意记录具体项目或事项的识别特征、重大事项及相关重大职业判断、针对重大事项如何处理不一致的情况等）；

3. 审计结论（包含已实施审计程序的结果、是否已实现既定审计目标的结论，以及审计程序识别出的例外情况和重大事项如何得到解决的结论）；

4. 审计标识及其说明；

5. 索引号及编号（便于相关工作底稿之间保持清晰的钩稽关系）；

6. 编制者姓名及编制日期；

7. 复核者姓名及复核日期；

8. 其他应说明事项。

在注册会计师审计实务中，会计师事务所为了从整体上提高工作（包括复核工作）效率及工作质量，基于审计准则及在实务中的经验等，统一制定某些格式、索引及涵盖内容等方面相对固定的审计工作底稿模板和范例，在此基础上，注册会计师再根据各具体业务的特点加以必要的修改，制定适用于具体审计项目的审计工作底稿。

（五）审计工作底稿的复核

1. 审计项目组内部复核

项目组内部复核应当由项目组内经验较多的人员（包括项目合伙人）复核经验较少的人员的工作。项目组内部复核的事项包括：（1）审计工作是否已按照法律法规、相关职业道德要求和审计准则的规定执行；（2）重大事项是否已提请进一步考虑；（3）相关事项是否已进行适当咨询，由此形成的结论是否得到记录和执行；（4）是否需要修改已执行审计工作的性质、时间和范围；（5）已执行的审计工作是否支持形成的结论，并已得到适当记录；（6）获取的审计证据是在充分、适当，足以支持审计结论；（7）审计程序的目标是否已经实现。

2. 项目质量控制复核

项目质量控制复核，是指在审计报告日或审计报告日之前，项目质量控制复核人员对项目组作出的重大判断和在编制报告时得出的结论进行客观评价的过程。

项目质量控制复核人员，是指项目组成员以外的，具有足够、适当的经验和权限，对项目组做出的重大判断和在编制报告时得出的结论进行客观评价的合伙人、会计师事务所的其他人员、具有适当资格的外部人员或由这类人员组成的小组。

项目质量控制复核适用于上市实体财务报表审计，以及会计师事务所确定需要实施项目质量控制、复核的其他业务。

（六）审计工作底稿的归档

将审计工作底稿归整为审计档案属于一项事务性工作。审计工作底稿的归档期限为审计报告日（或审计业务中止日）后60天内，在完成最终审计档案的归整工作后，不应在规定的保存期限届满前删除或废弃任何性质的审计工作底稿。

1. 审计档案的分类

在审计实务中，审计档案可以划分为永久性档案和当期档案。

（1）永久性档案。永久性档案是指那些记录内容相对稳定，具有长期使用价值，并对以后审计工作具有重要影响和直接作用的审计档案。包括审计项目管理资料，如审计业务约定书原件；被审计单位背景资料，如被审计单位的组织结构、关联方资料；法律事项资料，如公司章程、批准证书、营业执照、重要资产权证复印件等。

（2）当期档案。当期档案是指那些记录内容经常变化，主要供当期和下期审计使用的审计档案。包括沟通和报告相关工作底稿，如与管理层（治理层）的沟通和报告、审计报告和经审计的财务报表；审计完成阶段工作底稿，如管理层声明书原件、错报汇总表；审计计划阶段工作底稿，如总体审计策略和具体审计计划；进一步审计程序工作底稿，如有关控制测试工作底稿、有关实质性程序工作底稿等。

2. 审计工作底稿的保存期限

审计工作底稿的保存期限为审计报告日（或审计业务中止日）起至少保存10年。会计师事务所应当按照规定的期限保存审计工作底稿，并承担保密的义务，注册会计师及会计师事务所不得违反国家有关规定向境内外机构和个人提供审计工作底稿。

但在以下五种情况下可以披露涉密信息：

（1）法律、法规允许披露，并且取得客户或工作单位的授权；

（2）根据法律、法规的要求，为法律诉讼、仲裁准备文件或提供证据以及向有关监管机构报告发现的违法行为；

（3）法律、法规允许的情况下，在法律诉讼、仲裁中维护自己的合法权益；

（4）接受注册会计师协会或监管机构的职业检查，答复其询问或调查；

（5）法律、法规、执业准则和职业道德规范规定的其他情形。

第三节　财务审计程序

审计程序有广义和狭义两种含义，广义的审计程序是指审计机构和审计人员对审计项目从开始到结束的整个过程采取的系统性工作步骤。狭义的审计程序是指审计人员在实施审计的具体工作中所采取的审计方法。

从广义的含义看，无论是注册会计师审计，还是国家审计或内部审计，审计程序均包括审计计划、审计实施和审计报告三个阶段。但由于不同的审计主体，承担着不同的审计职责和审计任务，因而审计程序有着各自不同的特点。《中华人民共和国审计法》和《中华人民共和国审计法实施条例》对国家审计的审计程序做了明确的规定。内部审计程序的三个阶段，从形式上看，与国家审计程序大体相同，但其工作程序的具体内容主要取决于单位内部管理层根据需要做出的具体规定。

就注册会计师审计而言，审计工作从开始到结束的整个过程中采取的系统性的工作步骤，主要包括以下内容：接受业务委托、计划审计工作、实施风险评估程序、实施控制测试和实质性程序、完成审计工作和编制审计报告。

一、接受业务委托

会计师事务所应当按照执业准则的规定，谨慎决策是否接受或保持某客户关系和具体审计业务。在接受新客户的业务前，或决定是否保持现有业务或考虑接受现有客户的新业务时，会计师事务所应当执行有关客户接受与保持的程序，以获取如下信息：（1）考虑客户的诚信，没有信息表明客户缺乏诚信；（2）具有执行业务必要的素质、专业胜任能力、时间和资源；（3）能够遵守职业道德规范。

会计师事务所执行客户接受与保持程序的目的，旨在识别和评估会计师事务所面临的风险。例如，如果注册会计师发现有客户在之前的业务中做出虚假陈述，那么可以认为接受或保持该客户的风险非常高，甚至是不可接受的。会计师事务所除考虑客户的风险外，还需要考虑自身执行业务的能力，如当工作需要时能否获得合适的具有相应资格的员工；能否获得专业化协助；是否存在任何利益冲突；能否对客户保持独立性等。

在做出接受或保持客户关系及具体审计业务的决策后，注册会计师应当按照《中国注册会计师审计准则第 1111 号——就审计业务约定条款达成一致意见》的规定，在审计业务开始前，确定审计的前提条件是否存在，确认与被审计单位就审计业务约定条款达成一致意见，签订或修改审计业务约定书，以避免双方对审计业务的理解产生分歧。

（一）审计的前提条件

审计的前提条件，是指管理层在编制财务报表时采用可接受的财务报告编制基础，以及管理层对注册会计师执行审计工作前提的认同。

1. 财务报告的编制基础。注册会计师应当评价被审计单位管理层编制财务报表时采用的财务报告编制基础是否可接受或是否适用。

2. 就管理层的责任达成一致意见。按照审计准则的规定，执行审计工作的前提是管理层已认可并理解其承担的责任。管理层的责任包括以下三个方面：

（1）按照适用的财务报告编制基础编制财务报表，并使其实现公允反映（如适用）；

（2）设计、执行和维护必要的内部控制，以使财务报表不存在由于舞弊或错误导致的重大错报；

（3）向注册会计师提供必要的工作条件，包括允许注册会计师接触与编制财务报表相关的所有信息（如记录、文件和其他事项），向注册会计师提供审计所需要的其他信息，允许注册会计师在获取审计证据时不受限制地接触其认为必要的内部人员和其他相关人员。

（二）审计业务约定书

审计业务约定书，是指会计师事务所与被审计单位签订的，用以记录和确认审计业务的委托与受托关系、审计目标和范围、双方的责任以及报告的格式等事项的书面协议。会计师事务所在接受任何审计业务时，都应当与被审计单位签订审计业务约定书。

审计业务约定书的具体内容和格式可能因被审计单位的不同而不同，但应当包括以下主要内容：

1. 财务报表审计的目标与范围；

2. 注册会计师的责任；

3. 管理层的责任；

4. 指出用于编制财务报表所适用的财务报告编制基础；

5. 提及注册会计师拟出具的审计报告的预期形式和内容，以及对在特定情况下出具的审计报告可能不同于预期形式和内容的说明。

二、计划审计工作

计划审计工作对于注册会计师顺利完成审计工作和控制审计风险具有非常重要的意义。计划审计工作有助于注册会计师适当关注重要的审计领域，及时发现和解决潜在的问题及恰当地组织和管理审计工作，使审计工作以有效的方式得到执行。

计划审计工作包括针对审计业务制订总体审计策略和具体审计计划。

（一）总体审计策略

注册会计师应当制定总体审计策略，以确定审计工作的范围、时间安排和方向，并指导具体审计计划的制订。在制定总体审计策略时，应当考虑以下主要事项：

1. 审计范围。注册会计师应当确定审计业务的特征，包括采用的会计准则和相关会计制度、特定行业的报告要求以及被审计单位组成部分的分布等，以确定审计范围。

2. 审计报告目标、时间安排及所需沟通的性质。总体审计策略的制定应当包括明确审计业务的报告目标，以计划审计的时间安排和所需沟通的性质，包括提交审计报告的时间要求，预期与管理层和治理层沟通的重要日期等。

3. 审计方向。总体审计策略的制定应当包括考虑影响审计业务的重要因素，以确定项目组工作方向，包括确定适当的重要性水平，初步识别可能存在较高的重大错报风险的领域，初步识别重要的组成部分账户余额，评价是需要针对内部控制的有效性获取审计证据，识别被审计单位、所处行业、财务报告要求及其他相关方面最近发生的重大变化等。

4. 审计资源。注册会计师应当在总体审计策略中清楚地说明审计资源的规划和调配，包括确定执行审计业务所必需的审计资源的性质、时间安排和范围。

（二）具体审计

计划注册会计师应当为审计工作制订具体审计计划。具体审计计划比总体审计策略更加详细，其内容包括为获取充分、适当的审计证据以将审计风险降至可接受的低水平，项目组成员计划实施的审计程序的性质、时间安排和范围。可以说，为获取充分、适当的审计证据，确定审计程序的性质、时间安排和范围的决策是具体审计计划的核心。具体审计计划应当包括风险评估程序、计划实施的进一步审计程序和其他审计程序。

1. 风险评估程序。具体审计计划应当包括按照《中国注册会计师审计准则第 1211 号——通过了解被审计单位及其环境识别和评价重大错报风险》的规定，为了足够识别和评估财务报表重大错报风险，注册会计师计划实施的风险评估程序的性质、时间安排和范围。

2. 计划实施的进一步审计程序。具体审计计划应当包括按照《中国注册会计师审计准则第 1231 号——针对评估的重大错报风险采取的应对措施》的规定，针对评估的认定层次的重大错报风险，注册会计师计划实施的进一步审计程序的性质、时间安排和范围。

需要强调的是，随着审计工作的推进，对审计程序的计划会一步步深入，并贯穿于整个审计过程。例如，计划风险评估程序通常在审计开始阶段进行，计划进一步审计程序则需要依据风险评估程序的结果进行。因此，为达到编制具体审计计划的要求，注册会计师需要完成风险评估程序，识别和评估重大错报风险，并针对评估的认定层次的重大错报风险，计划实施进一步审计程序的性质、时间安排范围。进一步审计程序包括控制测试和实质性程序。

3. 计划实施的其他审计程序。具体审计计划应当包括根据审计准则的规定，注册会计师针对审计业务需要实施的其他审计程序。计划的其他审计程序可以包括上述进一步程序的计划中没有涵盖的、根据其他审计准则的要求注册会计师应当执行的既定程序。

计划审计工作并非审计业务的一个孤立阶段，而是一个持续的、不断修正的过程，贯穿于整个审计业务的始终。由于未预期事项、条件的变化或在实施审计程序中获取的审计证据等原因，注册会计师应当在审计过程中对总体审计策略和具体审计计划做出必要的更新和修改。通常情况下，这些更新和修改涉及比较重要的事项。例如，对重要性水平的修改，对某类交易、账户余额和列报的重大错报风险的评估和进一步审计程序的更新和修改等。

（三）审计重要性

通常而言，重要性概念可从以下三个方面理解：

第一，如果合理预期错报（包括漏报）单独或汇总起来可能影响财务报表使用者依据财务报表做出的经济决策，则通常认为错报是重大的。

第二，对重要性的判断是根据具体环境做出的，并受错报的金额或性质的影响，或受两者共同作用的影响。

第三，判断某事项对财务报表使用者是否重大，是在考虑财务报表使用者整体共同的财务信息需求的基础上做出的。由于不同财务报表使用者对财务信息的需求可能差异性很大，因此，不考虑错报对个别财务报表使用者可能产生的影响。

在审计开始时，注册会计师必须对重大错报的规模和性质做出一个判断，包括确定财务报表整体的重要性水平和特定交易类别、账户余额和披露的重要性水平。当错报金额高于整体重要性水平时，就很可能被合理预期，这样将对财务报表使用者根据财务报表做出的经济决策产生影响。

在整个业务过程中，随着审计工作的进展，注册会计师应当根据所获得的新信息更新重要性。在形成审计结论阶段，要使用整体重要性水平和为了特定交易类别、账户余额和披露而确定的较低金额的重要性水平来评价已识别的错报对财务报表的影响和对审计报告中审计意见的影响。

1. 重要性水平的确定

注册会计师在确定计划的重要性水平时，需要考虑对被审计单位及其环境的了解、审计的目标、财务报表各项目的性质及其相互关系、财务报表项目的金额及其波动幅度。同时，还应当从性质和数量两个方面合理确定重要性水平。

（1）从性质方面考虑重要性。

在某些情况下，金额相对较少的错报可能会对财务报表产生重大影响。例如，一项不重大的违法支付或没有遵循某项法律规定，但该支付或违法行为可能导致一项重大的负债、重大的资产损失或者收入损失，则认为上述事项是重大的。

（2）从数量方面考虑重要性。

注册会计师在确定财务报表整体的重要性水平时，需要运用专业判断，很多注册会计师根据所在会计师事务所的惯例及自己的经验。通常先选定一个基准，再乘以某一百分比作为财务报表整体的重要性。在选择基准时，需要考虑的因素包括以下五各方面：

1）财务报表要素（如资产、负债、所有者权益、收入和费用）；

2）是否存在特定会计主体的财务报表使用者特别关注的项目（如为了评价财务业绩，使用者可能更关注利润、收入或净资产）；

3）被审计单位的性质、所处的生命周期阶段以及所处行业和经济环境；

4）被审计单位的所有权结构和融资方式（如被审计单位仅通过债务而非权益进行融资，财务报表使用者可能更关注资产及资产的索偿权，而非被审计单位的收益）；

5）基准的相对波动性。适当的基准取决于被审计单位的具体情况。

为选定的基准确定百分比需要运用职业判断。百分比选定的基准之间存在一定的联系。例如，以营利为目的的实体，注册会计师的经验百分比是税前利润的5% ~ 10%；而对非营利组织，注册会计师可能认为总收入或费用总额的1% ~ 2%或资产总额的0.5% ~ 1%是适当的；以收入为基准的实体，为收入的1% ~ 2%；以资产总额为基准的实体，通常不超过资产总额的1%。百分比无论是高一些还是低一些，只要符合具体情况，都是适当的。

（3）特定类别的交易、账户余额或披露的重要性水平，确定方法如下：

根据被审计单位的特定情况，下列因素可能表明存在一个或多个特定类别的交易、账户余额或披露，其发生的错报金额虽然低于财务报表整体的重要性，但合理预期将影响财务报表使用者依据财务报表做出的经济决策：

1)法律、法规或适用的财务报告编制基础是否影响财务报表使用者对特定项目(如关联方交易、管理层和治理层的薪酬)计量或披露的预期；

2)与被审计单位所处行业相关的关键性披露(如制药企业的研究与开发成本)。

在根据被审计单位的特定情况考虑是否存在上述交易、账户余额或披露时，了解治理层和管理层的看法和预期通常是有用的。

2. 实际执行的重要性

实际执行的重要性是指注册会计师确定的低于财务报表整体的重要性的一个或多个金额，旨在将未更正和未发现错报的汇总数超过财务报表整体的重要性的可能性降至适当的低水平。如果适用，实际执行的重要性还指注册会计师确定的低于特定类别的交易、账户余额或披露的重要性水平的一个或多个金额。

确定实际执行的重要性并非简单机械的计算，需要注册会计师运用职业判断，并考虑下列因素的影响：(1)对被审计单位的了解(这些了解在实施风险评估程序的过程中得到更新)；(2)前期审计工作中识别出的错报的性质和范围；(3)根据前期识别出的错报对本期错报做出的预期。

通常而言，实际执行的重要性通常为财务报表整体重要性的 50% ~ 75%。

接近财务报表整体重要性 50% 的情况：(1)非连续审计；(2)以前年度审计调整较多；(3)项目总体风险较高(如处于高风险行业经常面临较大的市场压力，首次承接的审计项目或者需要出具特殊目的报告等)。

接近财务报表整体重要性 75% 的情况：(1)连续审计，以前年度审计调整较少；(3)项目总体风险较低(如处于低风险行业，市场压力较小)。

(四)审计风险

在执行审计业务时，注册会计师应当考虑重要件及重要性与审计风险的关系。审计风险，是指当财务报表存在重大错报时，注册会计师发表不恰当审计意见的可能性。可接受的审计风险的确定，需要考虑会计师事务所对审计风险的态度、审计失败对会计师事务所可能造成损失的大小等因素。但必须注意，审计业务是一种保证程度高的鉴证业务，可接受的审计风险应当足够低，以使注册会计师能够合理保证所审计财务报表不含有重大错报。审计风险取决于重大错报风险和检查风险。审计风险模型：

审计风险=重大错报风险 × 检查风险

1. 重大错报风险

重大错报风险是指财务报表在审计前存在重大错报的可能性。重大错报风险分为财务报表层次的重大错报风险和认定层次的重大错报风险。财务报表层次重大错报风险与财务报表整体存在广泛联系，可能影响多项认定。此类风险通常与控制环境有关，但也有可能与其他因素有关，如经济萧条。认定层次的重大错报风险由固有风险和控制风险两部分组成。固有风险，是指在考虑相关的内部控制之前，某类交易、账户余额或披露的某一认定易于发生错报（该错报单独或连同其他错报可能是重大的）的可能性。控制风险，是指某类交易、账户余额或披露的某一认定发生错报，该错报单独或连同其他错报可能是重大的，但没有被内部控制及时防止或发现并纠正的可能性。控制风险取决于与财务报表编制有关的内部控制的设计和运行的有效性。由于控制的固有局限性，某种程度的控制风险始终存在。

2. 检查风险

检查风险是指如果存在某一错报，该错报单独或连同其他错报可能是重大的，注册会计师为了将审计风险降至可接受的低水平而实施程序后没有发现这种错报的风险。检查风险取决于审计程序设计的合理性和执行的有效性。

重要性与审计风险之间存在反向关系。重要性水平越高，审计风险越低；重要性水平越低，审计风险越高。这里所说的重要性水平高低指的是金额的大小。通常，4000 元的重要性水平比 2000 元的重要性水平高。如果重要性水平是 4000 元，则意味着低于 4000 元的错报不会影响到财务报表使用者的决策，此时注册会计师需要通过执行有关审计程序合理保证能发现高于 4000 元的错报。如果重要性水平是 2000 元，则金额在 2000 元以上的错报就会影响财务报表使用者的决策，此时注册会计师需要通过执行有关审计程序合理保证能发现金额在 2000 元以上的错报。显然，重要性水平为 2000 元时审计风险比重要性水平为 4000 元时的审计风险高。审计风险越高，越要求注册会计师收集更多更有效的审计证据，以将审计风险降至可接受的低水平。注册会计师不能通过不合理的人为调高重要性水平来降低审计风险。

三、实施风险评估程序

审计准则规定，注册会计师必须实施风险评估程序，以此作为评估财务报表层次和认定层次重大错报风险的基础。风险评估程序是指注册会计师为了解被审计单位及其环境，以识别和评估财务报表层次和认定层次的重大错报风险而实施的审计程序。风险评估程序是必要程序，了解被审计单位及其环境为注册会计师在许多关键环节做出职业判断提供了重要基础。了解被审计单位及其环境实际上是一个连续和动态地收集、更新与分析信息的过程，贯穿于整个审计过程的始终。

四、实施控制测试和实质性程序

注册会计师实施风险评估程序本身并不足以为发表审计意见提供充分、适当的审计证据，还应当实施进一步审计程序，包括实施控制测试（必要时或决定测试时）和实质性程序。因此，注册会计师在评价财务报表重大错报风险后，应当运用职业判断，针对评估的财务报表层次重大错报风险确定总体应对措施，并针对评估的认定层次重大错报风险设计和实施进一步审计程序，以将审计风险降至可接受的低水平。

五、完成审计工作和编制审计报告

注册会计师在完成进一步审计程序后，还应当按照有关审计准则的规定做好审计完成阶段的工作，并根据所获取的审计证据，合理运用职业判断，形成适当的审计意见。本阶段主要工作有：考虑持续经营假设、或有事项和期后事项；获取管理层声明；汇总审计差异，提出被审计单位调整或披露；复核审计工作底稿和财务报表；与管理层和治理层沟通；评价审计证据，形成审计意见；编制审计报告等。

第四节 财务审计的方法

一、审计方法的演变

审计方法是指审计人员为了行使审计职能、完成审计任务、达到审计目标所采取的方式、手段和技术的总称。为了实现审计目标，伴随着审计环境的变化，审计人员不断调整着审计方法。审计方法的演变大致分为三个阶段：账项基础审计阶段、制度基础审计阶段和风险导向审计阶段。

（一）账项基础审计

账项基础审计又称详细审计，重点围绕会计凭证、会计账簿和财务报表的编制过程来进行审计。审计人员通常花费大量的时间进行检查、核对、加总和重新计算，对账表上的数字进行详细核实来判断是否存在舞弊行为和技术上的错误。

随着审计范围的扩展和组织规模的扩大，单纯围绕账表进行的详细审计，无法兼顾审计工作质量和审计工作效率两方面的要求。同时，在审计实践中，审计人员注意到内部控制的可信赖程度对于审计工作具有非常重要的意义。当内部控制设计合理且执行有效时，通常表明财务报表具有较高的可靠性；当内部控制存在缺陷时，财务报表存在重大错报的可能性增加。因此，审计人员开始将审计视角转向企业内部控制，特别是会计信息赖以生成的内部控制，从而将内部控制与抽样审计结合起来。

（二）制度基础审计

以内部控制为基础的审计方法，改变了传统的审计方法，强调对内部控制的测试与评价。如果测试结果表明内部控制运行有效，那么内部控制就值得信赖，审计人员对财务报表相关项目的审计只需抽取少量样本便可以得出审计结论；如果测试结果表明内部控制运行无效，那么内部控制就不值得信赖，审计人员对财务报表相关项目的审计需要视情况扩大审计范围，检查足够数量的样本，才能得出审计结论。制度基础审计的目的是在合理保证审计质量的同时提高审计的效率。

制度基础审计仅以内部控制设计和运行情况决定对财务报表项目的实质性测试范围，没有考虑企业经营环境以及企业面临的经营风险对财务报表带来的错报风险（包括舞弊风险）以及对审计在序的影响。为此，审计人员必须综合考虑企业的环境和面临的经营风险，分析企业经济业务中可能出现的错误和舞弊行为，以此为出发点，制定审计策略，风险导向审计应运而生。

（三）风险导向审计

风险导向审计，依据审计风险模型，不仅考虑审计风险受到固有风险因素的影响（如管理人员的品行和能力、行业所处环境、业务性质、容易产生错报的财务报表项目、容易遭受损失或被挪用的资产等导致的风险），同时也受内部控制风险因素的影响（账户或各类交易存在错报而内部控制未能防止、发现或纠正的风险）。此外，还受到审计人员实施审计程序未能发现账户余额或某类交易存在错报的检查风险的影响。风险导向审计的目的是通过对财务报表重大错报风险的评价，并根据评价结果设计和实施恰当的审计程序，合理保证查出财务报表重大错报。

二、审计的一般方法

审计的一般方法是就审计工作的先后顺序和审计工作的范围或详简程度而进行划分的某种方法。前者如顺查法和逆查法；后者如详查法和抽样法。它们与审计取证没有直接联系，所以，不是审计取证的具体方法。

（一）顺序审查法：顺查法与逆查法

审计的一般方法，按照审计工作的顺序和会计业务处理程序的关系，有顺查法和逆查法之分。

1. 顺查法

顺查法又称为正查法，它是按照会计业务处理程序进行分类审查的一种方法。即按照所有原始凭证的发生时间顺序进行检查，逐一核对。首先检查原始凭证，核对并检查记账凭证，其次，根据凭证对日记账、总分类账、明细分类账进行检查，最后以总账和明细账核对会计报表和进行报表分析，沿着“制证—过账—结账—试算”的账务处理程序，从头到尾进行详细检查。

采用顺查法，由于审计工作细致、全面、完整，一步一个脚印地进行审阅核对，不易发生疏忽、遗漏等弊病。所以，对于内部控制制度不够健全，账目比较混乱，存在问题较多的被审计单位，采用顺查法较为适宜。其缺点是工作量大，费时费力，不利于提高审计工作效率，降低审计成本。

2. 逆查法

逆查法又称为倒查法，它是按照会计业务处理的相反程序，即在检查过程中逆着记账程序进行检查的方法。通常先从记账程序的终端检查，从会计报表或账簿上发现线索、寻找疑点，然后逆着记账程序追根求源进行检查，如从会计报表查到会计账簿，再查到记账凭证，最后查到原始凭证，即从审阅、分析会计报表着手，根据发现的问题和疑点，确定审计重点，再来审查核对有关的账册和凭证，而不必对报表中所有项目，一个一个地进行审查的一种审计方法。

逆查法是一种较为普遍采用的查证方法。采用逆查法，易于抓住重点，有目的地进行检查，可以集中精力检查主要问题，在时间上和人力上都较为节省，有利于提高审计工作效率和降低审计成本。但是，要求审计工作人员必须具有一定的分析判断能力和实际工作经验，才能胜任审计工作。如果审计人员分析判断能力较差，经验不丰富，特别是初次从事审计工作的人员，往往在审阅报表过程中发现不了问题，或分析判断不正确，以致影响审计的效果。如果查证人员对检查的重点问题判断失误，就会造成本末倒置。同时，由于采用有重点的检查方法，对于会计凭证和账簿记载的差错和弊端，就不可能全部揭露出来，容易发生疏忽。

必须指出，顺查法和逆查法由于它们各有优劣，因此，在审计实务工作中，应当注意将二者结合起来运用。即在顺查过程中可以采用一定的逆查方法，逆查过程中也可以采用一定的顺查方法，两种方法的结合使用，可以取长补短，提高审计效果和审计效率。

（二）范围审查法：详查法与抽样法

审计方法按照审查经济业务资料的规模大小和收集审计证据范围的大小不同，又有详查法和抽样法之分。

1. 详查法

详查法又称详细审计，是指对被审计单位一定时期内的某类经济业务和会计资料的全部内容进行详细的审核检查，以判断评价被审计单位经济活动的合法性、真实性和效益性的一种审计方法。此法的优点是容易查出问题，审计风险较小，审计结果比较正确。缺点是工作量较大，审计成本较高。所以，在实际工作中，只对有严重问题的，非彻底检查不可的专案审计，以及经济活动很少的小型企事业单位采用此法外，一般是不常采用的。

2. 抽样法

抽样法又称审计抽样，是指审计人员对具有审计相关性的总体中低于百分之百的项目实施审计程序，使所有抽样单位都有被选取的机会，为审计人员针对整个总体得出结论提供合理基础。审计抽样旨在帮助审计人员确定实施审计程序的范围，以获取充分、适当的审计证据，得出合理的结论，作为形成审计意见的基础。审计抽样能帮助审计人员在合理的时间内以合理的成本完成审计工作，但只要采用抽样就存在抽样风险。

审计抽样并非在所有审计程序中都可使用。风险评估程序通常不涉及审计抽样，而当控制运行留下轨迹时，可以考虑使用审计抽样实施控制测试，对于未留下轨迹的控制，审计人员通常实施询问、观察等审计程序，以获取有关控制运行有效性的审计证据，此时不宜使用审计抽样。实质性程序包括对各类交易、账户余额和披露的细节测试，以及实质性分析程序，在实施细节测试时，可以使用审计抽样获取审计证据；在实施实质性分析程序时，不宜使用审计抽样。

（1）抽样风险和非抽样风险

在使用审计抽样时，审计风险既可能受到抽样风险的影响，又可能受到非抽样风险的影响。抽样风险是指审计人员根据样本得出的结论，可能不同于对总体实施与样本同样的审计程序得出的结论的风险。

控制测试中的抽样风险包括信赖过度风险和信赖不足风险。信赖过度风险是指推断的控制有效性高于其实际有效性的风险。信赖过度风险影响审计的效果，很可能导致发表不恰当的审计意见。信赖不足风险是指推断的控制有效性低于其实际有效性的风险。信赖不足风险影响审计的效率，通常导致审计人员实施额外的工作。

细节测试中的抽样风险包括误受风险和误拒风险。误受风险是指审计人员推断某一重大错报不存在而实际上存在的风险。如果账面金额实际上存在重大错报而审计人员认为其不存在重大错报，审计人员通常会停止对该账面金额继续进行测试，并根据样本结果得出账面金额无重大错报的结论。与信赖过度风险相似，误受风险影响审计效果，容易导致审计人员发表不恰当的审计意见，因而更应予以关注。误拒风险是指审计人员推断某一重大错报存在而实际上不存在的风险。与信赖不足风险类似，误拒风险影响审计效率。如果账面金额不存在重大错报而审计人员认为其存在重大错报，审计人员会扩大细节测试的范围，从而使审计效率降低。

抽样风险与样本规模反方向变动：样本规模越小，抽样风险越大；样本规模越大，抽样风险越小，无论控制测试还是细节测试，审计人员都可以通过扩大样本规模降低抽样风险。如果对总体中的所有项目都实施检查，就不存在抽样风险，此时，审计风险完全由非抽样风险产生。

非抽样风险，是指审计人员由于任何与抽样风险无关的原因而得出错误结论的风险。审计人员即使对某类交易或账户余额的所有项目实施审计程序，也可能仍未能发现重大错报或控制失效。非抽样风险是由人为错误造成的，因而可以通过采用适当的质量控制政策和程序，对审计工作进行适当的指导、监督和复核，以及对审计实务的适当改进，可以将非抽样风险降低至可接受的水平。非抽样风险对审计工作的效率和效果都有一定影响。

（2）审计抽样的基本步骤

在控制测试和细节测试中使用审计抽样方法，主要分为以下三个阶段：

第一阶段是样本设计阶段，旨在根据测试的目标和抽样总体，制订选取样本的计划。

第二阶段是选取样本阶段，旨在按照适当的方法从相应的抽样总体中选取所需的样本，并对其实施检查，以确定是否存在误差。选取样本的基本方法包括使用随机数表或计算机辅助审计技术选样、系统选样（也称等距选样）和随意选样。

第三阶段是评价样本结果阶段，旨在根据对误差的性质和原因的分析，将样本结果推断至总体，形成对总体的结论。

三、审计的技术方法

审计的技术方法是指收集审计证据时应用的技术手段。在审计过程中，审计人员可根据需要单独或综合运用以下方法，以获取充分、适当的审计证据。

（一）检查

检查是指审计人员对被审计单位内部或外部生成的，以纸质、电子或其他介质形式存在的记录和文件进行审查，或对资产进行实物审查。检查记录或文件，可以提供可靠程度不同的审计证据，审计证据的可靠性取决于记录或文件的性质和来源，而在检查内部记录或文件时，其可靠性则取决于生成该记录或文件的内部控制的有效性。检查有形资产可为其存在提供可靠的审计证据，但不一定能够为权利和义务或计价等认定提供可靠的审计证据。

（二）观察

观察是指审计人员查看相关人员正在从事的活动或实施的程序。例如，对被审计单位执行的存货盘点或控制活动进行观察。观察可以提供执行有关过程或程序的审计证据，但观察所提供的审计证据仅限于观察发生的时点，而且被观察人员的行为可能因被观看而受到影响，这也会使观察提供的审计证据受到限制。

（三）询问

询问是指审计人员以书面或口头方式，向被审计单位内部或外部的知情人员获取财务信息和非财务信息，并对答复进行评价的过程。知情人员对询问的答复可能为审计人员提供尚未获悉的信息或佐证证据，也可能提供与审计人员已获取的其他信息存在重大差异的信息。

（四）函证

函证（外部函证），是指审计人员直接从第三方（被询证者）获取书面答复作为审计证据的过程，书面答复可以采用纸质、电子或其他介质等形式。积极式函证，是指要求被询证者直接向审计人员回复，表明是否同意询证函所列示的信息，或填列所要求的信息的一种询证方式。消极式函证，是指要求被询证者只有在不同意询证函所列示的信息时才直接向审计人员回复的一种询证方式。被询证者对积极式询证函未回函的情况下，审计人员应当实施替代审计程序以获取相关、可靠的审计证据。如果存在对询证函回函的可靠性产生疑虑的因素，审计人员应当进一步获取审计证据以消除这些疑虑。

如果管理层不允许寄发询证函，审计人员应当询问管理层不允许寄发询证函的原因，并就其原因的正当性及合理性收集审计证据。如果认为管理层不允许寄发询证函的原因合理，审计人员应当实施替代程序，以获取相关、可靠的审计证据；如果认为管理层不允许寄发询证函的原因不合理，或实施替代程序无法获取相关、可靠的审计证据，应当按照审计准则的规定，与治理层进行沟通，并确定其对审计工作和审计意见的影响。

（五）重新计算

重新计算是指审计人员对记录或文件中的数据计算的准确性进行核对。重新计算可通过手工方式或电子方式进行。

（六）重新执行

重新执行是指审计人员独立执行作为被审计单位内部控制组成部分的程序或控制。重新执行只能用于控制测试。

（七）分析程序

分析程序是指审计人员通过研究不同财务数据之间以及财务数据与非财务数据之间的内在关系，对财务信息做出评价。分析程序还包括调查识别出的、与其他相关信息不一致或与预期数据严重偏离的波动和关系。由于分析程序需要计算金额、比率或趋势，以评价财务信息，它对控制测试并不适用。

第三章

资产审计

第一节 货币资金审计

货币资金是企业资产的重要组成部分，任何企业进行生产经营活动都必须拥有一定数额的货币资金，持有货币资金是企业进行生产经营活动的基本条件。货币资金是企业流动性最强的一种资产，舞弊的风险性高，而且货币资金收付业务频繁、业务量大，具有同其他经营业务的广泛联系性。因此，对货币资金的审计构成财务审计的重要内容。货币资金审计涉及的资产负债表项目主要包括库存现金、银行存款和其他货币资金。

一、货币资金的控制测试与审计目标

（一）货币资金的内部控制

在实务中，库存现金、银行存款和其他货币资金的转换比较频繁，三者的内部控制目标、内部控制制度的制定与实施大致相似。一般而言，一个良好的货币资金内部控制应该达到以下几点：（1）货币资金收支与记账的岗位分离。（2）货币资金收支要有合理、合法的凭据。（3）全部收支及时准确入账，并且支出要有核准手续。（4）控制现金坐支，当日收入现金应及时送存银行。（5）按月盘点现金，编制银行存款余额调节表，以做到账实相符。

尽管由于每个企业的性质、所处行业、规模以及内部控制健全程度等不同，而使得其与货币资金相关的内部控制内容有所不同，但以下四个要求是通常应当共同遵循的。

1. 岗位分工及授权批准

企业应当建立货币资金业务的岗位责任制，明确相关部门和岗位的职责权限，确保办理货币资金业务的不相容岗位相互分离、制约和监督。出纳人员不得兼任稽核、会计档案保管和收入、支出、费用、债权债务账目的登记工作。企业不得由一人办理货币资金业务的全过程。

对货币资金业务建立严格的授权审批制度，明确授权审批方式、权限、程序、责任和相关控制措施。审批人应当根据货币资金授权批准制度的规定，在授权范围内进行审批，不得超越审批权限。经办人应当在职责范围内，按照审批人的批准意见办理货币资金业务。对于重要货币资金支付业务，应当实行集体决策和审批，并建立责任追究制度，防范贪污、侵占、挪用货币资金等行为。严禁未经授权的机构或人员办理货币资金业务或直接接触货币资金。

2. 库存现金和银行存款的管理

企业应当加强现金库存限额的管理，超过库存限额的现金应及时存入银行。明确现金的开支范围，不属于现金开支范围的业务应当通过银行办理转账结算。不得坐支库存现金，因特殊情况需坐支现金的，应事先报经开户银行审查批准。企业取得的货币资金收入必须及时入账，不得私设“小金库”，不得账外设账，严禁收款不入账。应当定期和不定期地进行现金盘点，确保现金账实相符。

加强银行账户的管理，严格按照规定开立账户，办理存款、取款和结算。严格遵守银行结算纪律，加强对银行结算凭证的填制、传递及保管等环节的管理与控制。指定专人定期核对银行账户，每月至少核对一次，编制银行存款余额调节表，保证账实相符。

3. 票据及有关印章的管理

加强与货币资金相关的票据管理，明确各种票据的购买、保管、领用、背书转让、注销等环节的职责权限和程序，并专设登记簿进行记录，防止空白票据的遗失和被盗用。加强银行预留印鉴的管理。财务专用章应由专人保管，个人名章必须由本人或其授权人员保管。严禁一人保管支付款项所需的全部印章。

4. 监督检查

建立对货币资金业务的监督检查制度，明确监督检查机构或人员的职责权限，定期和不定期地进行检查。对监督检查过程中发现的货币资金内部控制中的薄弱环节，应当及时采取措施，加以纠正和完善。

（二）货币资金内部控制的测试

1. 了解货币资金业务内部控制

审计人员可以通过查阅有关内部控制文件、现场观察有关业务活动、询问有关人员等方式了解被审计单位内部控制情况并加以描述。对于小企业，由于其业务处理流程较为简单，内部控制情况可采用文字说明；对于大中型企业，由于其货币资金收支的业务量较大、人员分工较细，则可采用流程图或调查表形式描述。

一般而言，了解货币资金内部控制时，要关注企业货币资金内部控制是否建立并严格执行，如不相容职务是否分离、收付凭证的管理情况等。

2. 抽查收款凭证

选取适当的收款凭证，进行如下检查：

（1）收款凭证与销售发票等相关原始凭证核对；

（2）收款凭证与银行存款簿、银行对账单核对；

（3）收款凭证与现金、银行存款日记账的收入金额、日期核对；

（4）收款凭证与应收账款等相关明细账的有关记录核对。

3. 抽查付款凭证

测试付款业务内部控制时，应抽查部分货币资金付款凭证，验证各项货币资金的付款业务是否经过适当的审批、授权与审核。

（1）检查授权批准手续是否符合规定；

（2）付款凭证与购货发票、报销单据等相关的原始凭证核对；

（3）付款凭证与现金、银行存款日记账的支出金额、日期核对；

（4）付款凭证与银行对账单核对；

（5）付款凭证与应付账款等相关明细账的有关记录核对。

4. 抽查一定期间现金、银行存款日记账并与总账核对

抽取一定期间的现金、银行存款日记账，根据日记账的有关记录，判断经济业务的会计处理、会计科目的使用是否恰当，有无计算错误、加总金额是否正确无误，并与相应的总账核对，检查差异是否及时调整处理。

5. 抽查银行存款余额调节表与库存现金盘点表

抽查企业是否定期编制银行存款余额调节表，至少抽查两个月的银行存款收支记录，逐笔核对银行对账单，验证企业银行存款余额调节表编制的正确性。同时注意是否存在出租、出借银行账户的情况。抽查库存现金盘点表，与相应月份的现金日记账核对，验证其一致性。

6. 评价货币资金业务内部控制

通过对货币资金业务内部控制的了解测试，评价固有风险；通过了解控制环境，对控制程序、信息系统等进行测试，确定内部控制可信赖的程度以及存在的薄弱环节和失控点，评价控制风险，明确审计范围和重点。

（三）货币资金审计目标

货币资金的审计目标主要包括以下五个方面：

1. 确定资产负债表中记录的货币资金是存在的；

2. 确定被审计单位所有应当记录的货币资金均已记录；

3. 确定记录的货币资金由被审计单位拥有或控制；

4. 确定货币资金以恰当的金额包括在财务报表中，与之相关的计价调整已恰当记录；

5. 确定货币资金已按照企业会计准则的规定在财务报表中做出恰当列报。

二、货币资金的实质性程序

（一）库存现金的实质性程序

库存现金包括企业的人民币现金和外币现金。现金是企业流动性最强的资产，尽管其在企业资产总额中的比重不大，但企业发生的舞弊事件大都与现金有关，因此，审计人员应该重视库存现金的审计。

1. 核对库存现金日记账与总账金额是否相符，检查非记账本位币库存现金的折算汇率和折算金额是否正确。

审计人员测试库存现金余额的起点是核对库存现金日记账与总账金额是否相符，如果不相符，应查明原因，必要时应建议做出适当调整。

2. 监盘库存现金。

监盘库存现金是证实资产负债表中货币资金项目下所列库存现金是否存在的一项重要审计程序，同时，它对证实库存现金收支业务的记录是否完整、计价是否正确以及验证现金的所有权均能提供有效证据。监盘现金时应注意以下四个问题：

（1）制订监盘计划，确定监盘时间。盘点库存现金的时间和人员应视被审计单位的具体情况而定，但现金出纳员和被审计单位的会计主管必须参加，并由审计人员监盘。对库存现金的监盘最好实施突击性的检查，如果现金存放部门有两处或两处以上，应同时进行盘点，时间最好选择在上午上班前或下午下班时，监盘的范围一般包括被审计单位各部门经管的库存现金。在进行现金盘点前，应由出纳员将现金集中起来存入保险柜，必要时可以封存。然后由出纳员将已办妥现金收付手续的收付款凭证登入库存现金日记账，根据库存现金日记账加计累计数额，结出现金结余数。

（2）审阅库存现金日记账并同时与现金收付凭证核对。一方面，检查库存现金日记账的记录与凭证的内容和金额是否相符；另一方面，了解凭证日期与库存现金日记账日期是否相符或接近。

（3）盘点库存现金实存数，同时由审计人员编制“库存现金监盘表”，并将盘点金额与现金日记账余额进行核对，如有差异，应要求被审计单位查明原因并做适当调整；如无法查明原因，应要求被审计单位按照管理权限批准后做出调整。

（4）若有充抵库存现金的借条、未提现支票、未做报销的原始凭证，需在监盘表中注明，如有必要应做调整。

（二）银行存款的实质性程序

企业在银行开设账户以后，除按核定的限额保留库存现金外，超过限额的现金必须存入银行；除了在规定的范围内可以用现金直接支付款项外，在经营过程中所发生的一切货币收支业务，都必须通过银行存款账户进行结算。银行存款的实质性程序一般包括以下五个方面：

1. 获取或编制银行存款余额明细表

获取或编制银行存款余额明细表，复核加计是否正确，并与总账数和日记账合计数核对是否相符，如果不相符，应查明原因，必要时应建议做出适当调整。检查非记账本位币银行存款的折算汇率和折算金额是否正确。对不符合现金及现金等价物条件的银行存款在审计工作底稿中予以列明，以考虑对现金流量表的影响。

2. 实施实质性分析程序

计算银行存款累计余额应收利息收入，分析比较被审计单位银行存款应收利息收入与实际利息收入的差异是否恰当，评估利息收入的合理性，检查是否存在高息资金拆借，确认银行存款余额是否存在，利息收入记录是否完整。

3. 检查银行存单

编制银行存单检查表，检查是否与账面记录金额一致，是否被质押或限制使用，存单是否为被审计单位所拥有。对已质押的定期存款，应检查定期存单，并与相应的质押合同核对，同时关注定期存单对应的质押借款有无入账；对未质押的定期存款，应检查开户证实书原件；对审计工作结束日前已提取的定期存款，应核对相应的兑付凭证、银行对账单和定期存款复印件。

4. 函证银行存款余额

函证银行存款余额是证实资产负债表所列银行存款是否存在的重要程序。通过向往来银行函证，不仅可以了解被审计单位资产存在情况，而且可以了解被审计单位所欠银行的债务，发现被审计单位未入账的银行借款和应披露的或有负债等。

审计人员应当对银行存款（包括零余额账户和在本期内注销的账户）、借款及与金融机构往来的其他重要信息实施函证程序，除非有充分证据表明某一银行存款、借款及与金融机构往来的其他重要信息对财务报表不重要且与之相关的重大错报风险很低。如果不对这些项目实施函证程序，审计人员应当在审计工作底稿中说明理由。

银行存款函证需要以被审计单位名义向被审计单位在本期存过款的银行（包括零余额账户和在本期内注销的账户）发函，函证的方式应采用积极式函证。审计人员应对函证过程施加控制，检查银行回函，编制银行函证结果汇总表，以确定被审计单位账面余额与银行函证结果的差异，对不利事项应建议做出适当处理。

5. 取得并检查银行存款余额对账单和银行存款余额调节表

取得并检查银行存款余额对账单和银行存款余额调节表是证实资产负债表中所列银行存款是否存在的重要程序。银行存款余额调节表通常应由被审计单位根据不同银行账户及货币种类分别按期编制。具体测试程序通常包括以下几项：

（1）将银行存款余额对账单与银行询证函回函核对，确认是否一致，核对账面记录的存款金额是否与对账单记录一致；取得银行存款余额调节表，检查调节表中加计数是否正确，调节后银行存款日记账余额与银行对账单余额是否一致。

（2）检查询问事项的性质和范围是否合理。检查是否存在跨期收支和跨行转账的调节事项。编制跨行转账业务明细表，检查跨行转账业务是否同时对应转入和转出，未在同一期间完成的转账业务是否反映在银行存款余额调节表的调整事项中。

（3）检查大额在途存款和未付票据。检查大额在途存款的日期，查明发生大额在途存款的具体原因，追查期后银行对账单存款记录日期，确定被审计单位与银行记账时间差异是否合理，确定在资产负债表日是否需提请被审计单位进行适当调整。检查被审计单位的未付票据明细清单，查明未及时入账的原因，确定账簿记录时间晚于银行对账单的日期是否合理。检查被审计单位未付票据明细清单中有记录但截至资产负债表日银行对账单记录且金额较大的未付票据，获取票据领取人的书面说明，确认资产负债表日是否需要进行调整。检查资产负债表日后银行对账单是否完整地记录了调节事项中银行未付票据金额。

（三）其他货币资金的实质性程序

其他货币资金包括企业到外地进行临时或零星采购而汇往采购地银行开立采购专户的款项所形成的外埠存款、企业为取得银行汇票按照规定存入银行的款项所形成的银行汇票存款、企业为取得银行本票按照规定存入银行的款项所形成的银行本票存款、信用卡存款和信用保证金存款等。其他货币资金的实质性程序一般包括以下五个方面：

1. 核对其他货币资金各明细账期末合计数与总账数是否相符；

2. 函证其他货币资金期末余额；

3. 验证其他货币资金的截止日期，并审查截止日期前后的其他货币资金的收支情况，以防止高估或低估其他货币资金数额；

4. 抽取一定样本量的原始凭证进行测试，检查其经济内容是否完整，有无适当的审批授权，并核对相关账户的进账情况；

5. 确定其他货币资金在资产负债表上披露的恰当性。

第二节　应收款项审计

一、内部控制测试和审计目标

（一）内部控制和相应的控制测试

审计人员通常利用在了解被审计单位内部控制中获取的资料来评价控制风险。通过控制测试，在确定了被审计单位的相关内部控制中可能存在的薄弱环节，并且对其控制风险做出评价后，审计人员应确定实质性程序的性质、时间和范围。

（二）审计目标

应收款项的审计目标，主要包括以下五个方面：

1. 确定资产负债表中记录的应收款项是存在的；

2. 确定被审计单位所有应当记录的应收款项均已记录；

3. 确定记录的应收款项由被审计单位拥有或控制；

4. 确定应收款项以恰当的金额包括在财务报表中，与之相关的计价调整已恰当记录；

5. 确定应收款项已按照企业会计准则的规定在财务报表中做出恰当列报。

二、应收账款审计

应收账款是企业在销售业务中所形成的债权性资产。一般而言，当存在以下情况时，应收账款的审计风险将增大：（1）会计年末后对应收账款的调整；（2）应收账款明细账的异常分录；（3）经营活动产生了收益但缺少经营现金流。

（一）获取或编制应收账款明细表

应收账款明细表一般由企业内部自行编制，也可由审计人员编制。如果明细表由企业编制提供，则应对其独立性、可信性加以证实。审计人员应对明细表中应收账款合计数与总账数和明细账合计数核对相符，结合坏账准备科目与报表数核对相符。如果不相符，应查明原因并形成记录进行相应调整。

分析有贷方余额的项目，查明原因，必要时建议作重分类调整，列入“预收账款”项目。应收账款明细账的余额一般在借方，表示被审计单位应收而未收的债权。如果某一应收账款明细账的余额在贷方，此时其经济业务的性质不是应收债权，而是预收账款。因此，被审计单位应在编制财务报表时作重分类调整。如果被审计单位单独设置了“预收账款”账户，假定年末某一预收账款明细账余额在借方，其本质不是预收账款，而是应收账款，被审计单位也应当作重分类调整。如果被审计单位拒绝调整，则属于审计差异。

（二）检查涉及应收账款的相关财务指标

1. 复核应收账款借方累计发生额与主营业务收入关系是否合理，并将当期应收账款借方发生额占销售收入净额的百分比与管理层考核指标和被审计单位相关赊销政策比较，如存在异常应查明原因。

2. 计算应收账款周转率、应收账款周转天数等指标，并与被审计单位相关赊销政策、被审计单位以前年度指标、同行业同期相关指标对比分析，检查是否存在重大异常。

（三）检查应收账款账龄分析是否正确

1. 获取或编制应收账款账龄分析表。审计人员可以通过获取或编制应收账款账龄分析表来分析应收账款账龄，以便了解应收账款的可收回性。应收账款的账龄，是指资产负债表中的应收账款从销售实现、产生应收账款之日起，至资产负债表日止所经历的时间。编制应收账款账龄分析表时，可以考虑选择重要的客户及其余额列示，而将不重要的或余额较小的汇总列示。应收账款账龄分析表的合计数减去已计提的相应坏账准备后的净额，应该等于资产负债表中的应收账款项目余额。

2. 测试应收账款账龄分析表计算的准确性，并将分析表中的合计数与应收账款总分类账余额相比较，并调查重大调节项目。

3. 检查原始凭证，如销售发票、运输记录等，测试账龄划分的准确性。

（四）函证应收账款

除非有充分证据表明应收账款对被审计单位财务报表而言是不重要的，或者函证很可能是无效的，否则，应当对应收账款进行函证。如果不对应收账款进行函证，审计人员应当在工作底稿中说明理由。如果认为函证很可能无效，审计人员应当实施替代审计程序，获取充分、适当的审计证据。

函证应收账款的目的在于证实应收账款账户余额的真实性、正确性，防止或发现被审计单位及其有关人员在销售交易中发生的错误或舞弊行为。通过函证应收账款，可以比较有效地证明被询证者（债务人）的存在和被审计单位记录的可靠性。

审计人员应当考虑被审计单位的经营环境、内部控制的有效性、应收账款账期的性质、被询证者处理询证函的习惯做法及回函的可能性等，以确定应收账款函证的范围、对象、方式和时间。

1. 确定函证的范围和对象

函证范围的大小是由诸多因素决定的，主要有：应收账款在全部资产中的重要性（若应收账款在全部资产中所占的比重较大，则函证的范围应相应扩大）；被审计单位内部控制的强弱（若内部控制存在缺陷，应相应扩大函证范围）；以前期间的函证结果（若以前年度函证中发现重大差异，或欠款纠纷较多，则函证范围应相应扩大）；函证方式的选择（如果采用积极的函证方式，则可以相应减少函证量）。

函证对象的选择，一般考虑：大额或账龄较长的项目；与债务人发生纠纷的项目；关联方项目；主要客户（包括关系密切的客户）项目；交易频繁但期末余额较小甚至余额为零的项目；可能产生重大错报或舞弊的非正常的项目。

2. 选择函证方式

审计人员可采用积极的或消极的函证方式实施函证，也可将两种方式结合使用。

积极的函证方式又分为两种：一种是在询证函中列明函证的账户余额或其他信息，要求被询证者确认所函证的款项是否正确；另一种询证函，即在询证函中不列明账户余额或其他信息，而要求被询证者填写有关信息或提供进一步信息。

3. 确定函证时间

为了充分发挥函证的作用，在考虑对方复函时间的前提下，发函的最佳时间应是与资产负债表日接近的时间，在资产负债表日后适当时间内实施函证，以确保在审计工作结束前取得函证的全部资料。

如果重大错报风险评估为低水平，注册会计师可选择财务报表日前适当日期为截止日实施函证，并对所函证项目向该截止日起至财务报表日止发生的变动实施实质性程序。

4. 函证控制

审计人员通常利用被审计单位提供的应收账款明细账户名称及客户地址等资料据以编制询证函，但审计人员应当对确定需要确认或填列的信息，选择适当的被询证者、设计询证函以及发出和跟进（包括收回）询证函进行控制。一般情况下，审计人员应当采取下列措施对函证实施过程进行控制：

（1）将被询证者的名称、地址与被审计单位有关记录核对；

（2）将询证函中列示的账户余额或其他信息与被审计单位有关资料核对；

（3）在询证函中指明直接向接受审计委托业务的会计师事务所回函；

（4）询证经被审计单位盖章后，由审计人员直接发出；

（5）将发出询证函的情况形成审计工作记录；

（6）将收到的回函形成审计工作记录，并汇总统计函证结果。

5. 对不符事项的处理

收回的询证函如果有差异，审计人员应进行分析，查找原因，并作进一步分析和核实。产生差异的原因可能有以下三种情况：

（1）购销双方登记入账的时间不同。表现形式：一是询证函发出时，债务人已经付款，而被审计单位尚未收到货款；二是询证函发出时，被审计单位的货物已发出并已做销售记录，但货物仍在途中，债务人尚未收到货物；三是债务人由于某种原因将货物退回，而被审计单位尚未收到；四是债务人对收到货物的数量、质量或价格等有异议而全部或部分拒付货款。审计人员要针对不同情况，审核期后的现金日记账、银行存款日记账或相关销售退回的明细账记录，查明相关款项或退回的货物是否已经收到。

（2）一方或双方记账错误。审计人员应核实相关货运单据、销售发票和其他单据，查实被审计单位的账面记录是否正确。

（3）存在弄虚作假或舞弊行为。被审计单位通过虚增应收账款从而达到虚增营业收入和虚增利润的目的，或低估应收账款以达到低估营业收入、低估利润和少交税金的目的，审计人员应核实销货合同、发票等加以证实。

6. 对函证结果的分析和评价

（1）回函的可靠性。由于所有回函都存在被拦截、更改或其他舞弊风险，无论该回函采用纸质、电子还是其他介质等形式，这种风险都会存在。显示回函的可靠性可能存在疑问的因素包括：审计人员间接收到回函和回函看起来不是来自预期的被询证者。当审计人员对用作审计证据的信息的可靠性存有疑虑时，应当确定是否需要修改或追加审计程序以消除疑虑。

对以电子形式收到的回函（如传真或电子邮件），由于回函者的身份及其授权情况很难确定，对回函的更改也难以发觉，因此可靠性存在风险。审计人员和回函者采用一定的程序为电子形式的回函创造安全环境，可以降低该风险。如果审计人员确信这种程序安全并得到适当控制，则会提高相关回函的可靠性。电子函证程序涉及多种确认发件人身份的技术，如加密技术、电子数码签名技术、网页真实性认证程序。

（2）回函不可靠或未回函。如果认为回函不可靠，表明可能存在舞弊风险因素，审计人员可能需要修正认定层次重大错报风险评估结果并相应的修改计划的审计程序。

对于退回的信函应查明原因；对采用积极的函证方式而未收到回函的应考虑再次发函，如果仍得不到答复，应考虑采用替代审计程序，如审查与销售有关的文件，包括销售合同、订货单、货运单据、销货发票以及其他单据，以证实应收账款确因实际销货而发生。

（3）函证结果评价。如果函证结果表明没有审计差异，则审计人员可以合理推论，应收账款总体是正确的；如果函证结果表明存在审计差异，则审计人员应当估算应收账款总额中的总体错报，也可以进一步扩大函证范围。

（五）坏账准备的审查

根据有关规定，企业应当定期或至少在年度终了，对应收款项进行全面检查，预计各项应收款项可能发生的坏账，按照备抵法计提坏账准备，计入资产减值损失。企业发生的坏账损失，冲减坏账准备；收回已经核销的坏账，增加坏账准备。审计人员必须了解企业坏账估计的合理性以及坏账损失处理的正确性。

坏账准备是应收账款的对冲项目，坏账准备提取和使用是否合理、正确，不仅影响着会计报表的正确性，而且影响着利润表利润计算的真实性。审计人员应实施以下主要程序。

1. 取得或编制坏账准备明细表，复核加计是否正确，并与坏账准备总账数、明细账合计数核对是否相符。

2. 实施分析程序。通过比较前期坏账准备计提数和实际发生数，以及检查期后事项，评价应收账款坏账准备计提的合理性。

3. 将应收账款坏账准备本期计提数与资产减值损失相应明细项目的发生额核对是否相符。

4. 检查应收账款坏账准备计提和核销的批准程序，取得书面报告等证明文件，评价坏账准备所依据的资料、假设及方法。将坏账准备账户与应收账款账户核对，验证企业坏账准备计提方法和计提比例的恰当性，计算的金额是否正确。

5. 实际发生坏账损失的，检查转销依据是否符合有关规定，会计处理是否正确；已经确认并转销的坏账重新收回的，检查其会计处理是否正确。

6. 确定应收账款坏账准备的披露是否恰当。

（六）审查未函证的应收账款

审计人员不可能对所有应收账款进行函证，因此，对未函证的应收账款，应抽查有关原始凭证，如销售合同、销售订单、销售发票及发运凭证等，以验证应收账款的真实性。

（七）审查应收账款在资产负债表中披露的恰当性

如果被审计单位为上市公司，则其财务报表附注通常应披露期初、期末余额的账龄分析，期末欠款金额较大的单位账款，以及持有 5%（含 5%）以上股份的股东单位欠款等情况。

三、应收票据审计

票据是载明债务人在规定日期内向债权人无条件支付一定金额款项的书面凭证，包括汇票、本票、支票等。企业会计核算中所设立的应收票据账户，主要用于核算企业因销售产品等而收到的商业汇票。商业汇票包括银行承兑汇票与商业承兑汇票两种。

其与货币资金一样，具有流动性强、风险性大的特点，是审计中的重要内容。

（一）取得或编制应收票据明细表

应收票据明细表应列明出票单位名称、出票日、到期日、金额和利率、交易合同号、承兑人等。审计人员复核明细表并与报表、总账、明细账加以核对，验证账账之间、账表之间是否一致。在此基础上，审计人员应抽查部分票据，并追查相关文件，以判断其内容是否正确及有无应转应收账款的逾期应收票据。计息的应收票据还应查明计息是否正确。

（二）监盘库存应收票据

票据的监盘与现金的监盘基本相同。监盘过程中，审计人员对应收票据内容填写事项是否齐全、签章有无疑问都要加以注意。对于存放于其他处所的应收票据，如作为抵押、提交银行贴现、交由律师代收的也应查实。监盘结果填入“应收票据监盘表”，并与应收票据明细账核对相符。

（三）函证应收票据

应收票据是一种债权凭证，确认其价值的真实性，必须得到出票人的确认。所以在监盘的基础上，应采用函证的方法进行核实。

（四）对应收票据发生和收回的审查

根据内部控制的要求，企业应设立“应收票据备查簿”，由出纳员以外的专人负责登记。审计人员应将备查薄与应收票据账户核对，检查收到的票据是否及时入账。对于兑现的带息票据，应注意是否将收到的利息收入贷记“财务费用——利息收入”科目。

（五）对票据贴现的审查

票据贴现，是以未到付款期的票据向银行融通资金的一种借款行为。持有未到期商业汇票的企业，为了满足资金的需要，可向银行申请贴现。从理论上来讲，无论是商业承兑汇票还是银行承兑汇票都可以办理贴现业务，但由于商业承兑汇票的承兑方为企业，信用等级较差，银行一般不办理商业承兑汇票的贴现业务。因此，我国目前所谓的“贴现”主要是指银行承兑汇票的贴现。票据贴现的审查应注意以下三点：

1. 票据贴现的款项是否及时足额入账

票据的贴现应由负责登记和保管票据以外的主管负责人批准后方可办理。审计人员应核查应收票据登记簿，对已贴现的票据，特别是金额较大的，逐笔核对银行存款与应收票据账户，检查是否及时入账，防止利用票据贴现贪污款项。

2. 票据贴现的计算是否正确

票据贴现收入应等于到期值减去贴现息。无息票据的到期值是票据的面值，带息票据的到期值是票据的面值加上利息。贴现息是由到期值乘以贴现率再乘以贴现期。贴现期是指贴现日至到期日的天数，到期日计入，贴现日不计入。审计人员应采用复算的方式，核实票据的贴现收入是否正确。

3. 票据贴现的会计处理是否正确

在会计上，企业应根据贴现的商业汇票是否带有追索权分别采用不同的方法进行处理。不带追索权的应收票据贴现时，由于符合金融资产终止确认的条件，应冲销应收票据账户的金额。带追索权的应收票据贴现时，由于不符合金融资产终止确认条件，不应冲销应收票据账户的金额，而应将其视为负债，这种负债直至贴现银行收到票据款后方可解除。因此，审计人员应注意审查被审计单位票据贴现的具体情况，判断票据贴现业务的相关会计处理是否正确。

（六）审查应收票据在资产负债表中披露的恰当性

审计人员应审查被审计单位报表中应收票据项目的数额与审定数的一致性，查明是否剔除了已贴现票据。对于已贴现的商业承兑票据是否按规定在报表附注中单独披露。

四、预付账款审计

预付账款是企业按照采购合同的规定，预先支付给供货单位的货款，会计上通过“预付账款”或“应付账款”科目（借方）进行核算。预付账款是企业的一种流动资产，是企业在采购环节中产生的，因此，预付账款的审计应结合购货与付款循环的审计进行。

（一）取得或编制预付账款明细表

1. 复核加计是否正确，并与报表数、总账数和明细账合计数核对是否相符。

2. 检查是否存在贷方余额，必要时建议重分类调整，借记“预付账款”，贷记“应付账款”科目。

3. 结合应付账款明细账，检查是否存在应付、预付两方挂账的项目，必要时建议调整。

4. 检查长期挂账的预付账款，查明原因，并提请被审计单位做必要调整。

（二）实施实质性分析程序

1. 比较期末余额与期初余额，分析其波动原因。

2. 通过了解预付购货款的惯例以及收到货物的平均天数，分析其账龄的合理性；关注账龄超过 1 年的预付账款未结转的原因。

3. 计算预付账款借方发生额与主营业务成本的比率，与以前各期比较，分析异常变动的原因。

（三）函证预付账款

选择大额或异常的预付账款重要项目（包括零账户），函证其余额是否正确，并根据回函情况编制函证结果汇总表；对于回函金额不符的，需查明原因并在审计工作底稿中加以记录，或建议做适当调整；对于没有回函的，可再次函证或实施替代审计程序，如检查该债权的相关凭证资料，或抽查资产负债表日后预付账款明细账及存货明细账，核实是否已收到货物、转销预付账款，并根据替代检查结果判断其债权的真实性。

（四）关注是否存在预付关联方账款

如果存在预付关联方账款，应通过了解关联交易事项的目的、价格和条件，检查采购合同等方法确认该预付账款的合法性和合理性；通过向关联方或其他注册会计师查询及函证等方法，确认交易的真实性。

（五）确定预付账款的披露是否恰当

如果被审计单位是上市公司，通常应在财务报表附注中披露预付账款账龄分析、欠款金额较大单位的名称、期末数额、欠款时间、欠款原因，以及持有 5%（含 5%）以上股份的股东单位账款等情况。

第三节　固定资产审计

固定资产是指为生产商品，提供劳务，出租或经营管理而持有的、使用寿命超过一个会计年度的有形资产。固定资产在企业资产总额中一般都占有较大的比例，固定资产的安全、完整对企业的生产经营影响极大。同时，企业管理层利用固定资产账户操纵利润的现象也十分普遍，如通过改变预计使用年限和净残值调整折旧额、将费用支出资本化、将融资租赁记为经营租赁、资产处置的记录不完整等。因此，固定资产审计风险较大，审计人员应给予高度重视。

一、固定资产的内部控制测试和审计目标

（一）固定资产的内部控制

就制造业企业而言，固定资产在资产总额中占有很大的比重，大额固定资产的构建会影响企业现金流量，而固定资产的折旧、维修等费用则是影响企业损益的重要因素。固定资产管理一旦失控，所造成的损失将远远超过一般商品存货等流动资产。所以，为了确保固定资产的真实、完整、安全和有效使用，应当建立健全固定资产的内部控制制度。

1. 建立固定资产的预算制度

预算制度是固定资产内部控制中最重要的部分。不论大企业或小企业，都应该对固定资产增减做好预算或计划，以便预测和控制固定资产的增减和合理运用资金。

2. 完善的授权批准制度

企业的资本性支出预算须经董事会等高层管理机构批准方可生效；所有固定资产的取得和处置均需企业管理层的书面认可。

3. 充分的凭证与记录制度

除固定资产总账外，还必须设置固定资产明细账和固定资产登记卡，按固定资产类别、使用部门及单项固定资产进行明细分类核算。固定资产增减变化均应有充分的凭证。

4. 明确的职责分工制度

固定资产的取得、记录、保管、使用、维修、处置等，均应明确划分责任，由专门部门和人员负责。

5. 资本性支出和收益性支出的区分制度

企业应制定区分资本性支出和收益性支出的书面标准。明确资本性支出的范围和最低金额，凡是不属于资本性支出的范围、金额低于下限的任何支出，均应列作费用并抵减当期损益。

6. 固定资产的维护保养制度

严密的维护保养制度，一方面可以防止固定资产因各种自然和人为的因素而遭受损失；另一方面有利于延长固定资产的使用寿命。

7. 固定资产的定期盘点制度

定期盘点固定资产，可以验证固定资产是否真实存在及记录的完整性，了解固定资产的使用状况，发现问题及时处理。

严格地讲，固定资产的保险不属于企业固定资产的内部控制范围，但其对企业非常重要。

（二）固定资产内部控制的测试

1. 了解固定资产的内部控制

审计人员可以向被审计单位索取有关固定资产内部控制的书面说明、流程图，或自行设计调查问卷，从而了解被审计单位的内部控制情况。

2. 抽查固定资产业务

在充分了解被审计单位的内部控制制度基础上，审计人员还应通过抽查部分固定资产业务进一步确定固定资产内部控制是否得到有效遵循。

（1）查阅固定资产账户本期增减变动记录，追查相应的固定资产请购单或报废申请单，确定是否经适当授权批准，是否受固定资产预算控制。

（2）查阅固定资产维修和保养记录，检查支出金额；抽查部分新增固定资产明细账，审查确认有无将收益性支出资本化。

（3）抽查固定资产的盘点报告，查询盘盈、盘亏固定资产的处理情况，确定定期盘点制度是否得到遵循。

3. 评价固定资产内部控制

审计人员通过对固定资产内部控制进行测试，应当对相关内部控制的有效性做出评价，并将评价结果记录在审计工作底稿中。同时应根据被审计单位固定资产内部控制的实际情况，确定其实质性程序的性质、时间和范围。必要时，可以采用适当方式，针对内部控制的缺陷向被审计单位管理层提出相应的改进建议。

（三）审计目标

固定资产的审计目标，一般包括：

1. 确定资产负债表中记录的固定资产是否存在；

2. 确定所有应记录的固定资产是否均已记录；

3. 确定记录的固定资产是否由被审计单位拥有或控制；

4. 确定固定资产是否以恰当的金额包括在财务报表中，与之相关的计价或分摊是否已恰当记录；

5. 确定固定资产原价、累计折旧和固定资产减值准备是否已按照企业会计准则的规定在财务报表中做出恰当列报。

二、固定资产的实质性程序

（一）固定资产——账面余额的实质性程序

1. 运用分析程序检查固定资产总体的合理性

（1）编制或取得固定资产及累计折旧分类汇总表。通过汇总表，检查固定资产分类是否正确，复核加计并将其与明细账、总账核对，结合累计折旧、减值准备科目与报表核对，查明是否相符；如果不符，查明原因，予以调整。

必须注意的是，对期初余额的审计：在连续常年审计时，应注意与上年期末余额审定数核对相符；变更委托审计时，应借调、参阅前任审计人员的审计工作底稿；初次审计时，应对期初余额进行全面审计。

（2）比率和趋势分析。结合被审计单位的实际情况，分析有关比率及有关项目的变动趋势，确定固定资产和折旧业务是否真实、账务处理是否正确、固定资产和折旧变动是否合理。常用的比率和变动项目分析如下：

1）固定资产总值与全年总产量的比率。将该比率与以前年度相比较，目的在于查明有无已减少的固定资产未在账面上注销或查明有无闲置的固定资产等问题。

2）比较本年度与以前各年度固定资产增加额和减少额。由于被审计单位的生产经营情况不断变化，各个会计年度固定资产增加和减少数额可能会有很大差异。审计人员通过深入分析差异原因，同时根据企业过去和未来的生产经营趋势确定产生差异的原因是否合理。

3）比较本年度各月份、本年度与以前各年度的修理费用，旨在发现资本性支出和收益性支出的区分可能存在的错误。

4）本年度计提折旧额与固定资产总值的比率。将该比率与上年计算数比较，目的在于确定本年度折旧额的计算有无错误。

5）分析比较各年度固定资产保险费，查明变动有无异常。

2. 实地检查固定资产

实地检查重要固定资产，确定其是否存在，同时关注是否存在已报废但仍未核销的固定资产。实施实地检查审计程序时，审计人员可以以固定资产明细分类账为起点，进行实地追查，以证明会计记录中所列固定资产确实存在，并了解其目前的使用状况；也可以以实地为起点，追查至固定资产明细分类账，以获取实际存在的固定资产均已入账的证据。

当然，审计人员实地检查的重点是本期新增加的重要固定资产，有时观察范围也会扩展到以前期间增加的重要固定资产。观察范围的确定需要依据被审计单位内部控制的强弱、固定资产的重要性和审计人员的经验来判断。如果为首次接受审计，则应适当扩大检查范围。

3. 查验固定资产的所有权或控制权

对企业各类固定资产，审计人员应获取不同的证据以确定固定资产是否确归被审计单位所有。具体查验时应注意以下五点：

（1）对于外购的机器设备等固定资产，通常经审核采购发票、购货合同等予以确定。

（2）对于房地产类固定资产，需查阅有关的合同、产权证明、财产税单、抵押借款的还款凭据、保险单等书面文件。

（3）对于融资租入的固定资产，应验证有关融资租赁合同，证实其并非经营租赁。

（4）对于汽车等运输设备，应验证有关运营证件等。

（5）对受留置权限制的固定资产，通常还应审核被审计单位的有关负债项目等予以证实。

4. 检查固定资产的增减变动

（1）固定资产增加的审查。新增固定资产在账务处理上都应借记“固定资产”科目，但由于其来源渠道不同，对应的会计科目也不同。固定资产增加的核算是否正确，对资产负债表和利润表都将产生长期的影响。因此，审计固定资产的增加，是固定资产实质性程序中的重要内容。固定资产的增加有多种途径，审计过程中，审计人员可以询问管理层当年固定资产的增加情况，并与获取或编制的固定资产明细表进行核对；同时检查本年度增加固定资产的计价是否正确，手续是否齐备，会计处理是否正确。

1）外购固定资产。通过核对采购合同、发票、保险单、发运凭证等资料，抽查测试其入账价值是否正确。

2）在建工程转入的固定资产。应检查固定资产的确认时点是否符合会计准则的规定，入账价值与在建工程的相关记录是否核对相符，是否与竣工决算、验收和移交报告等一致；对已经达到预定可使用状态，但尚未办理竣工决算手续的固定资产，检查其是否已按估计价值入账，并按规定计提折旧。

3）投资者投入的固定资产。检查投资者投入的固定资产是否按投资各方确认的价值入账，并检查确认价值是否公允，交接手续是否齐全；涉及国有资产的，是否有评估报告并经国有资产管理部门评审备案或核准确认。

4）更新改造增加的固定资产。检查增加的原值是否符合资本化条件，是否真实，会计处理是否正确；重新确定的剩余折旧年限是否恰当；同时应该注意，与固定资产有关的修理费用等后续支出的核算是否符合企业会计准则的规定。

5）融资租赁增加的固定资产。获取固定资产租赁合同等的相关文件，确认租赁的性质。对融资租入的固定资产，应检查其计价是否正确，在租赁期内是否计提折旧，并结合长期应付款、未确认融资费用科目检查相关的会计处理是否正确。对经营租入的固定资产，应查明是否设“备查簿”登记。

6）企业合并、债务重组和非货币性资产交换增加的固定资产。检查产权过户手续是否齐备，检查固定资产入账价值及确认的损益和负债是否符合规定。

7）其他途径增加的固定资产。应检查增加固定资产的原始凭证，核对其计价及会计处理是否正确，法律手续是否齐全。

（2）固定资产减少的审查。固定资产的减少，包括报废、出售、向其他单位投资转出、盘亏等。审查固定资产减少的主要目的在于查明已减少的固定资产是否已做适当的会计处理。审计人员应分析固定资产减少的具体情况，调阅涉及减少固定资产项目的明细账和会计凭证，按固定资产减少的不同情况，分别进行审查。

1）检查出售、盘亏、投资转出、报废或毁损的固定资产是否经授权批准，会计处理是否正确。

2）结合“固定资产清理”和“待处理财产损溢——待处理固定资产损溢”科目，抽查固定资产账面转销额是否正确。

5. 审查固定资产披露的正确性

审查被审计单位财务报表附注中是否披露与固定资产有关的下列信息：固定资产的确认条件、分类、计价方法和折旧方法；各类固定资产的预计使用寿命和预计净残值和折旧率；对固定资产所有权的限制及其金额和用于担保的固定资产账面价值等。此外，应关注上市公司对固定资产的披露是否符合企业会计准则的规定。

（二）固定资产——累计折旧的实质性程序

在不考虑固定资产减值准备的前提下，影响折旧的因素主要包括固定资产原价、预计净残值和固定资产的使用寿命三个方面。在计算折旧时，对于固定资产的残余价值和清理费用只能人为估计；对于固定资产的使用寿命，由于固定资产的有形和无形损耗难以准确计算，因而只能估计。固定资产折旧主要取决于企业根据其固定资产特点制定的折旧政策，在一定程度上具有主观性。

1. 执行实质性分析程序

审计人员应根据实际情况，选择以下方法对累计折旧进行分析：

（1）将应计提折旧的固定资产乘以本期的折旧率，分析折旧计提的总体合理性。

（2）计算本期计提折旧额占固定资产原值的比例，并与上期比较，分析本期计提折旧额的合理性。

（3）计算累计折旧占固定资产原值的比例，评价固定资产新旧程度，并估计可能发生的固定资产损失、使用年限的变更或折旧政策的变化。

2. 确定被审计单位折旧方法的适当性

检查被审计单位制定的折旧政策和方法是否符合相关会计准则的规定，确定其所采用的折旧方法能否在固定资产预计使用年限内合理分摊其成本，前后期是否一致，预计使用年限和预计净残值是否合理；如果采用加速折旧法，是否取得批准文件。

3. 确定折旧计提范围的正确性

按规定，除已提足折旧仍继续使用的固定资产和单独计价入账的土地外，企业应当对所有的固定资产计提折旧。审查时应注意，应计提折旧的固定资产是否都已计提，不应计提折旧的固定资产有无计提折旧的情况。

4. 确定折旧额计算的正确性

在不考虑固定资产减值准备的前提下，固定资产折旧额应以月初固定资产原值乘以折旧率。审查时，应注意固定资产的月初原值的确定是否正确，有无将本月新增的固定资产计提折旧、本月减少的固定资产未提取折旧。同时应注意折旧率是否正确，是否符合各类固定资产使用年限的规定，审计人员应该核实年限平均法的折旧率以及其他的折旧率，并复核折旧额的计算。对已计提减值准备的固定资产的应计折旧额，应当扣除已计提的固定资产减值准备累计金额，按照该固定资产的账面价值以及尚可使用寿命重新计算确定折旧率和折旧额。

5. 检查折旧费用的分配方法是否合理、分配额是否正确

将成本费用中的折旧费用明细账记录与“累计折旧”账户贷方的本期折旧计提额比较，查明计提折旧是否计入本期生产成本或期间费用；如发现差异，必须查明原因，差异数额较大时须做出调整。

（三）固定资产——减值准备的实质性程序

企业会计准则要求，企业应在期末或者至少在每年年度终，逐项检查固定资产。如果由于市价持续下跌或技术陈旧、损坏、长期闲置等原因导致可收回金额低于账面价值，应将可收回金额低于其账面价值的差额作为固定资产减值准备。固定资产减值

准备的审查要点主要如下：

1. 确定减值准备计提方法是否符合会计准则的规定，计提的依据是否充分、比例是否适当，计提的数额是否恰当，相关会计处理是否正确。

2. 计算本期末固定资产减值准备占期末固定资产原值的比率，并与期初该比率比较，分析固定资产的质量状况。

3. 检查是否存在转回固定资产减值准备的情况。按照企业会计准则规定，固定资产减值损失一经确认，在以后会计期间不得转回。

4. 确定固定资产减值准备的披露是否恰当。

第四节　无形资产审计

一、无形资产的审计目标

无形资产是指企业拥有或者控制的没有实物形态的可辨认非货币性资产，通常包括专利权、非专利技术、商标权、著作权、特许权、土地使用权等。无形资产审计目标一般包括：

1. 确定无形资产是否存在并归被审计单位所有；

2. 确定无形资产增减变动及其摊销的记录是否完整；

3. 确定无形资产的使用寿命是否合理，摊销政策是否恰当；

4. 确定无形资产减值准备的计提是否充分、完整，方法是否恰当，会计处理是否正确；

5. 确定无形资产、累计摊销及减值准备的期末余额是否正确、在报表中的披露是否恰当。

二、无形资产的实质性程序

（一）无形资产——账面余额的实质性程序

1. 获取或编制无形资产明细表，复核加计是否正确，并与总账数和明细账合计数核对是否相符，结合累计摊销、无形资产减值准备科目与报表数核对是否相符。

2. 检查无形资产的权属证书原件、非专利技术的持有和保密状况等，并获取有关协议和董事会纪要等文件、资料，检查无形资产的性质、构成内容、计价依据、使用状况和受益期限，确定无形资产是否存在，并由被审计单位拥有或控制。

3. 检查无形资产增减变动记录是否完整，会计处理是否正确。

无形资产的增加：

（1）检查投资者投入的无形资产是否为投资各方确认的价值入账，所确认的价值是否公允，交接手续是否齐全；

（2）对自行研发取得、购入或接受捐赠的无形资产，检查其原始凭证，确认计价是否正确、法律程序是否完备、会计处理是否正确；

（3）对债务重组或非货币性资产交换取得的无形资产，检查有关协议等资料，确认其计价和会计处理是否正确；

（4）检查本期购入土地使用权相关税费计算清缴情况，与购入土地使用权相关的会计处理是否正确。

无形资产的减少：

（1）取得无形资产处置的相关合同、协议，检查其会计处理是否正确。

（2）检查房地产开发企业取得的土地用于建造对外出售的房屋建筑物，相关的土地使用权是否转入所建造房屋建筑物的成本。在土地上自行开发建造厂房等建筑物的，土地使用权和地上建筑物是否分别进行摊销和计提折旧。

（3）当土地使用权用于出租或增值目的时，检查其是否转为投资性房地产核算，会计处理是否正确。

4. 检查无形资产的披露是否恰当。

（二）无形资产——累计摊销的实质性程序

1. 检查无形资产摊销政策是否符合有关规定，是否与上期一致；若改变摊销政策，检查其依据是否充分。

2. 检查被审计单位确定无形资产使用寿命的依据，分析其合理性。检查被审计单位是否在每个会计期间对无形资产使用寿命进行复核。注意使用期限不确定的无形资产不应摊销。

3. 检查无形资产摊销金额及其会计处理是否正确。检查无形资产应摊销金额是否为其成本扣除预计残值和减值准备后的余额。检查其预计残值的确定是否合理。

（三）无形资产——减值准备的实质性程序

1. 检查无形资产减值准备计提和转销的批准程序，取得书面报告等证明文件。

2. 检查被审计单位计提无形资产减值准备的依据是否充分，计算和会计处理是否正确。

第四章

财务报表审计

第一节　财务报表审计概述

一、财务报表审计的意义

财务报表是企业对外提供的反映企业某一特定日期的财务状况和某一会计期间的经营成果、现金流量等会计信息的文件。通过对财务报表的审计，旨在提高财务报表的可信赖程度，为财务报表使用者提供决策有用的信息。财务报表审计的意义具体表现在以下三个方面：

（一）有利于财务报表使用者做出正确的决策

财务报表是财务报表使用者进行经济决策的重要信息来源，在有些情况下，还是唯一的信息来源。审计人员通过审计，对财务报表的合法性、公允性发表审计意见，这种意见，具有鉴证作用，财务报表使用者可以根据财务报表和审计意见对被审计单位未来生存能力和管理层的经营效率、效果做出某些判断，为正确的决策提供依据。

（二）有利于保护财务报表使用者的合法权益

财务报表使用者与被审计单位管理层往往有着各自的利益，出于对自身利益的考虑，管理层可能提供带有偏见、不公正甚至欺诈性的财务报表。审计人员对财务报表进行审计，发表不同类型的审计意见，提高或降低了财务报表信息使用者对财务报表的信赖程度，能够在一定程度上保护债权人、股东以及企业利害关系人的合法权益。

（三）有利于促进企业改善经营管理、提高经济效益

为了履行编制财务报表的职责，被审计单位管理层通常应设计、实施和维护与财务报表编制相关的内部控制，以保证财务报表不存在由于舞弊或错误而导致的重大错报。在财务报表审计过程中，审计人员通过实施重大错报风险评估程序，对注意到

的，可能导致被审计单位财务报表产生重大错报或漏报的内部控制重大缺陷与管理层沟通，为被审计单位改善经营管理、提高经济效益提供参考建议。

二、财务报表审计的目标

《中国注册会计师审计准则第 1101 号——注册会计师的总体目标和审计工作的基本要求》规定，在执行财务报表审计工作时，注册会计师的总体目标是对财务报表整体是否存在由于舞弊或错误导致的重大错报获取合理保证，使注册会计师能够对财务报表是否在所有重大方面按照适用的财务报告编制基础编制并实现公允反映发表审计意见。

（一）评价财务报表是否在所有重大方面按照适用的财务报告编制基础编制

评价财务报表是否在所有重大方面按照适用的财务报告编制基础编制时，应当特别评价下列内容：

1. 财务报表是否充分披露了选择和运用的重要会计政策；

2. 选择和运用的会计政策是否符合适用的财务报告编制基础，并适合于被审计单位的具体情况；

3. 管理层做出的会计估计是否合理；

4. 财务报表列报的信息是否具有相关性、可靠性、可比性和可理解性；

5. 财务报表是否做出充分披露，使财务报表预期使用者能够理解重大交易和事项对财务报表所传递的信息影响；

6. 财务报表使用的术语（包括每一财务报表的标题）是否适当。

（二）评价财务报表是否实现公允性反映

在评价财务报表是否实现公允反映时，应当考虑下列内容：

1. 财务报表的整体列报、结构和内容是否合理；

2. 财务报表（包括相关附注）是否公允地反映了相关交易和事项。

三、财务报表舞弊信号的识别

常见的财务报表舞弊方式通常表现为：操纵、伪造、篡改会计记录或支持文件；不真实地表达或隐瞒交易、事项或其他重要信息；故意误用会计政策和会计估计。在财务报表审计中，审计人员应关注以下关键预警信号。

（一）财务指标的预警信号的种类

1. 毛利率异常增长。进行财务报表舞弊，报表上通常会显示不寻常的高盈利能力，毛利率一般大大高于同行业企业。

2. 期末收入大量增长，年末之后销售退回增加。收入经常在期末被操控（如提前确认下期收入、虚假销售等），销售增长超过行业水平，并不能被合理证明。

3. 应收账款、存货周转速度显著降低。应收账款回收天数、存货周转天数显著增加或显著高于行业平均水平，是高舞弊风险信号。

4. 现金流量信息异常。例如，企业销售收入和盈利能力很高，但经营活动现金流量较低或为负数、经营活动现金净流量与投资活动现金净流量反向变动等。

此外，财务压力、关联方交易也是审计人员应关注的舞弊风险信号。

（二）非财务性的预警信号

审计人员往往可以从以下方面发现企业舞弊的迹象和警讯：公司治理结构完善程度、董事和高管的背景、任职情况、更换情况、遭受监管机构谴责和处罚情况、诉讼和担保情况、财务主管和外部审计师是否频繁变更等。

第二节 财务报表内部控制的测试

一、财务报表内部控制

财务报表内部控制系统的健全性、有效性，对财务报表的公允表达有决定性影响。财务报表内部控制主要环节如下：

（一）岗位责任控制

为保证财务报表的编制工作有条不紊地进行，企业应当制定严密的工作程序，明确各业务环节的岗位职责与权限，以及各岗位之间相互制约、相互配合的关系。

（二）编制程序的控制

直接影响财务报表编制的内部控制主要包括以下三项：

1. 结账控制

期末结账控制，一是控制结账程序，要求制定结账日程表，对结账程序进行合理安排，并规定每一程序完成的时限；二是控制结账质量，保证本期发生额的汇总和期末余额计算的正确性。

2. 对账控制

为保证财务报表的编制依据——日常核算资料（其中主要是账簿）的正确、可靠，在编制财务报表前必须在账簿与记账凭证及其所附原始凭证之间、各种有关账簿之间、账簿记录与财产实存数之间进行认真的核对，做到账证、账账、账实相符，以保证财务报表的质量。

3. 试算平衡控制

在手工账务系统中，为保证账簿记录正确无误，在正确结账、认真对账的基础上，还需进行试算平衡工作。发现不符，应查明原因，及时予以更正。

（三）会计稽核控制

1. 报表内容控制

为了满足企业自身及社会各方面报表使用者的需要，企业必须依据有关规定对报表的种类、格式、项目排列、项目内容所做的规定，严格控制执行。

2. 编制方法控制

为了保证财务报表如实反映企业经济活动的全貌，并形成一个完整、系统的会计信息体系，企业应按各类报表有关项目规定的编制方法编制财务报表，保证各报表内、不同报表之间保持应有的对应关系。

3. 审核控制

财务报表编制完毕，必须经财会部门负责人根据编制财务报表的基本原则和要求，对财务报表的真实性、合规性和正确性等进行认真审核并签章。

（四）报送时间控制

企业的财务报表应按月或按年在规定的期限内报送当地财税机关、开户银行、主管部门。对此，企业应按报表编制的程序制定具体的进度要求，并严格加以控制。

（五）公司治理层面控制

财务报告内部控制的顶层结构是股东大会、董事会、监事会，治理结构设计合理、治理机制有效运行，是保证财务报告可靠的关键。

二、财务报表内部控制的测试

虽然在财务报表各项目审计中已对相关内部控制进行了测试与评价，但审计人员仍有必要对直接影响财务报表编制的内部控制进行审查，评估财务报表层次的重大错报风险，以确定总体应对措施，其主要内容如下：

1. 了解并描述报表编制的内部控制

审计人员可以运用适当的方法对财务报表相关的内部控制进行调查了解，并加以描述。

2. 检查有关账、表应报送资料

抽查账薄记录、明细表、试算平衡表，验证报表编制程序、编制方法的合理性和有效性；索取以前年度报表报送的有关资料，了解报表报送时间的控制情况。

3. 实地观察、询问

通过实地观察、询问，了解岗位分工是否明确，相互间的制约、协调机制是否合理，验证报表编制的各环节、各岗位责任控制的有效性。

4. 评价报表编制的内部控制

通过对以上内部控制设计和实施情况的测试，评价财务报表内部控制运行的有效性。

第三节　资产负债表的审计

资产负债表是反映企业在某一特定日期财务状况的财务报表。通过资产负债表，可以提供某一日期的资产总额及其结构，表明企业拥有或控制的资源及其分布情况；提供某一日期的负债总额及其结构，表明企业未来需要用多少资产或劳务清偿债务以及清偿时间；反映所有者所拥有的权益，据以判断资本保值、增值的情况以及对负债的保障程度。此外，资产负债表还可以提供进行财务分析的基本资料，从而有助于报表使用者做出经济决策。通过对资产负债表的审计，可以验证该表所列各项资产、负债和所有者权益的合法性与公允性，为财务报表使用者提供真实可靠的信息。

一、资产负债表编制的正确性、合规性审查

资产负债表的结构、项目内容以及编制方法均由会计准则加以确定，企业财会部门应根据财务报表列报的基本要求编制资产负债表。审计人员可通过实施以下程序判断被审计单位资产负债表编制的正确性与合规性。

（一）资产负债表结构的审查

在我国，资产负债表采用账户式结构，报表分为左右两方，左方列示资产各项目，反映全部资产的分布及存在形态；右方列示负债和所有者权益各项目，反映全部负债和所有者权益的内容及构成情况。资产负债表左右方平衡，资产总计等于负债和所有者权益总计，即“资产＝负债＋所有者权益”。此外，为了使使用者通过比较不同时点资产负债表的数据，掌握企业财务状况的变动情况及发展趋势，企业需要提供比较资产负债表，即资产负债表还需就各项目再分为“年初余额”和“期末余额”两栏分别填列。因此，审计人员审查时，应注意被审计单位资产负债表的结构是否符合会计准则的规定，表内项目是否齐全。

（二）资产负债表填列方法的审查

资产负债表各项目应按“年初余额”和“期末余额”两栏分别填列。审计人员应注意审查其填列方法是否符合有关规定。

1. 审查“年初余额”栏的填列

对资产负债表“年初余额”栏内各项数据，审计人员应检查是否根据上年年末资产负债表“期末余额”栏内所列数据填列；如果上年度资产负债表规定的各个项目的名称和内容同本年度不一致，是否对上年年末资产负债表各项目的名称和数据按照本年度的规定进行调整，填入表中“年初余额”栏内。

2. 审查“期末余额”栏的填列

资产负债表“期末余额”栏内各项数据，一般应根据资产、负债和所有者权益类

科目的期末余额填列。由于具体填列的方式不同，审查时应区别对待。

（1）根据总账科目余额填列。对直接根据有关总账科目余额填列的项目，如“交易性金融资产”“短期借款”“应付票据”“应付职工薪酬”等项目，应检查资产负债表该项目“期末余额”与总账余额是否一致；需根据几个总账科目的期末余额计算填列的项目，如“货币资金”，检查表内该项目“期末余额”是否与相关总账科目的期末余额的合计数一致。

（2）根据明细账科目余额计算填列。如果资产负债表“期末余额”是根据明细账科目余额计算填列的，如“应付账款”项目，根据“应付账款”和“预付账款”两个科目所属的相关明细科目的期末贷方余额计算填列；“应收账款”项目，根据“应收账款”和“预收账款”两个科目所属的相关明细科目的期末借方余额计算填列，审计时应注意核对资产负债表中该项目“期末余额”与其相关的明细账科目余额。

（3）根据有关科目的余额分析计算填列。例如，“长期借款”项目，根据“长期借款”总账科目余额扣除“长期借款”科目所属的明细科目中将在一年内到期，且企业不能自主地将清偿义务展期的长期借款后的金额计算填列。

（4）根据有关科目余额减去其备抵科目余额后的净额填列。例如，“固定资产”项目，根据“固定资产”科目的期末余额减去“累计折旧”“固定资产减值准备”备抵科目余额后的净额填列。审计时应注意计算分析所填列项目的数额，并与报表数相核对。

（三）资产负债表钩稽关系的审查

对资产负债表有关项目钩稽关系的审查，应从以下两个方面进行：

1. 表内钩稽关系

审查表内钩稽关系时，首先，应根据资产负债表的平衡原理，检查资产总计是否等于负债和所有者权益总计；其次，应注意全部资产的分布及存在形态、负债和所有者权益的内容及构成情况，复核加计相关项目的数额是否正确；最后，检查表内“年初余额”与上年度该表“期末余额”的钩稽关系。

2. 与其他报表的钩稽关系

资产负债表与其他报表的钩稽关系，如资产负债表中“未分配利润”项目与利润分配表中“未分配利润”项目的钩稽关系、资产负债表中“货币资金”项目与现金流量表中“现金及现金等价物”项目的钩稽关系，审查时应注意验证其数额是否相符。

此外，还应注意资产负债表中有关项目，如“存货”“固定资产”“应收账款”等，与相应明细表的钩稽关系。

二、资产负债表项目的合法性、公允性审查

通过前面相关章节对资产、负债和所有者权益各项目的审计后，审计人员应对获取的审计证据进行复核和评价，以确定资产负债表项目的合法性、公允性。此外，审计人员还应重点关注以下四个方面。

（一）会计政策、会计估计变更的审查

会计政策是指企业在会计确认、计量和报告中，所采用的原则、基础和会计处理方法。会计政策变更是企业对相同的交易或者事项由原来采用的会计政策改用另一种会计政策的行为。例如，企业发出存货成本的计量由先进先出法改为加权平均法；长期股权投资的后续计量由权益法改为成本法等。一般情况下，企业采用的会计政策，在每一个会计期间和前后各期应当保持一致，不得随意变更，以保证会计信息的可比性。

会计估计是指企业对结果不确定的交易或者事项以最近可利用的信息为基础所做的判断。会计估计变更是由于资产和负债的当前状况及预期经济利益和义务发生了变化，从而对资产或负债的账面价值或者资产的定期消耗金额进行调整。例如，固定资产折旧年限、无形资产的摊销年限、应收账款坏账准备的计提比率等。

由于会计政策、会计估计变更时，其相应的会计处理将会对资产、负债、所有者权益和损益产生影响，并在很大程度上影响会计信息的可比性。因此，审计人员应注意审查确定被审计单位会计政策和会计估计变更是否合法、合理，确定会计政策和会计估计变更的会计处理是否正确、在报表中的披露是否恰当。

（二）资产负债表日后事项的审查

资产负债表日后事项是指资产负债表日至财务报表批准报出日之间发生的有利或不利事项。资产负债表日后事项包括以下两类：

1. 资产负债表日后调整事项（以下简称调整事项），即对资产负债表日已经存在的情况提供了新的或进一步证据的事项。例如，资产负债表日后诉讼案件结案；资产

负债表日后取得确凿证据，表明某项资产在资产负债表日发生了减值或者需要调整该项资产原先确认的减值金额；资产负债表日后进一步确定了资产负债表日前购入资产的成本或售出资产的收入；资产负债表日后发现了财务报表舞弊或差错。审计人员应审查被审计单位发生的调整事项是否按规定调整了财务报表及与之相关的披露信息。

2. 资产负债表日后非调整事项（以下简称非调整事项），即表明资产负债表日后发生的情况的事项。例如，发生重大诉讼、仲裁、承诺；资产价格、税收政策、外汇汇率发生重大变化；因自然灾害导致资产发生重大损失；发行股票和债券以及其他巨额举债；资本公积转增资本；企业合并或处置子公司等。审计人员应审查被审计单位发生的非调整事项是否已在财务报表附注中恰当披露。

（三）或有事项的审查

或有事项是指过去的交易或事项形成的，其结果须由某些未来事项的发生或不发生才能决定的不确定事项。常见的或有事项主要包括未决诉讼或仲裁、债务担保、产品质量保证、承诺、亏损合同、重组义务、环境污染治理等。对或有事项的审计，审计人员应确定或有事项是否存在和完整；确定或有事项的确认和计量是否符合企业会计准则的规定（如或有资产只有在企业基本确定能够收到的情况下予以确认；或有负债应当在满足确认条件时，作为预计负债进行确认和计量）；确定或有事项的列报是否恰当（如在资产负债表中，因或有事项而确认的“预计负债”应与其他负债项目区别开来，单独反映，并在报表附注中披露与“预计负债”相关的内容；不符合负债确认条件的或有负债应当在附注中披露有关信息；或有资产作为一种潜在资产，企业通常不应当披露或有资产）。

（四）主要财务指标的审查

资产负债表中许多指标对于分析企业财务状况非常重要，因而需要分析验证其可信性。审查的指标主要包括偿债能力指标、获利能力指标、经营能力指标。

第四节　利润表的审计

利润表是反映企业在一定会计期间的经营成果的财务报表。通过利润表，可以反映企业在一定会计期间的收入实现情况和费用耗费情况以及净利润实现情况；将利润表中的信息与资产负债表中的信息相结合，还可以提供进行财务分析的基本资料，便于报表使用者判断企业未来的发展趋势，做出经济决策。通过利润表的审计，可验证被审计单位实现利润的真实性和利润分配的合规性。

一、利润表编制的正确性、合规性审查

利润表的结构、项目内容以及编制方法均由会计准则加以确定，审计人员应审查确定被审计单位利润表编制是否符合会计准则的规定。

（一）利润表的结构和填列方法的审查

在我国，企业利润表采用的基本上是多步式结构，即通过对当期的收入、费用、支出项目按性质加以归类，按利润形成的主要环节列示一些中间性利润指标，分步计算当期净损益。此外，为了使报表使用者通过比较不同时期利润的实现情况，判断企业经营成果的未来发展趋势，企业需要提供比较利润表，利润表还就各项目再分为“本期金额”和“上期金额”两栏分别填列。

利润表“上期金额”栏内各项数据，应根据上年该期利润表“本期金额”栏内所列数据填列。如果上年该期利润表规定的各个项目的名称和内容同本期不一致，应对上年该期利润表各项目的名称和数据按本期的规定进行调整，填入利润表“上期金额”栏内。利润表“本期金额”栏内各项数据一般应根据损益类科目的发生额分析填列。

审计人员审查时，应注意被审计单位利润表的结构是否符合会计准则的规定，表

内项目是否齐全，归类是否正确，填列方法是否符合规定。

（二）利润表钩稽关系的审查

审查利润表的钩稽关系，主要通过对具有钩稽关系的指标数值的验算、核对，来验证其钩稽关系的正确性。

1. 表内钩稽关系

利润表内项目的钩稽关系体现在利润形成与计算上，它们之间的指标关系公式如下：

营业收入＝主营业务收入＋其他业务收入

营业利润＝营业收入－营业成本（主营业务成本＋其他业务成本）－营业税金及附加－销售费用－管理费用－财务费用－资产减值损失＋公允价值变动收益（－公允价值变动损失）＋投资收益（－投资损失）

利润总额＝营业利润＋营业外收入－营业外支出

净利润＝利润总额－所得税费用

2. 与其他报表的钩稽关系

利润表与其他报表的钩稽关系，如资产负债表中“投资项目”与利润表中“投资收益”的钩稽关系；资产负债表中“借款项目”与利润表中“财务费用”的钩稽关系；利润表中“净利润”与现金流量表的补充资料中“净利润”的钩稽关系等，审计人员应注意分析查验其数额是否相符。

此外，还应注意利润表中有关项目，如“销售费用”“管理费用”“财务费用”等，与相应明细账的钩稽关系。

二、利润表项目的合法性、公允性审查

审计人员还应注意检查分析以下两个方面：

（一）检查会计原则的遵循在利润表审计过程中，审计人员应检查有关会计原则的遵循情况

1. 权责发生制原则。权责发生制基础要求，凡是当期已经实现的收入和已经发生

或应当负担的费用，无论款项是否收付，都应当作为当期的收入和费用，计入利润表。审计人员应检查被审计单位的会计基础是否正确，收入和费用的确认是否以权责发生制为基础。

2. 配比原则。收入与其相关的成本、费用应相互配比，如果配比不当，将影响利润的确定。

3. 划分收益性支出与资本性支出的原则。支出的效益与几个会计年度相关的，应作为资本性支出；支出的效益仅与本会计年度相关的，应作为收益性支出。企业的会计核算应严格区分收益性支出与资本性支出的界限，以正确计算各期损益。

此外，会计信息质量的谨慎性要求，需要企业在面临不确定因素的情况下做出职业判断时，保持应有的谨慎，充分估计到各种风险和损失，既不高估资产或者收益，也不低估负债或者费用。因此，审计人员应关注被审计单位谨慎性的应用，防止扭曲实际的财务状况和经营成果，从而对使用者做决策产生误导。

（二）主要财务指标的检查

通过利润表所体现的主要财务指标，如投资报酬率、产品成本利润率等，对分析企业的生存和发展前景具有重要作用。因而，审计人员还需对此进行分析评价，以判断报表所列指标的可信性。

第五节　现金流量表的审计

编制现金流量表的目的是为财务报表使用者提供企业一定会计期间内现金和现金等价物流入和流出的信息，以便于报表使用者了解和评价企业获得现金和现金等价物的能力，并据以预测企业未来现金流量，从而对企业整体财务状况做出客观评价。

现金流量表的审计目的在于确定现金流量表的内容、性质和数额，是否正确、合理、完整；确定现金流量表有关项目数额与其他报表及附注的钩稽关系是否正确；确定现金流量表各项目的披露是否恰当。

一、现金流量表编制的正确性、合规性审查

企业会计准则对现金流量表应反映的信息以及现金流量的分类和各类现金流量的分项都做了明确的规定。审查现金流量表的编制时，应按准则的要求，检查核对以下内容。

（一）现金流量表的结构和填列方法的审查

根据企业业务活动的性质和现金流量的来源，现金流量表在结构上将企业一定期间产生的现金流量分为三类：经营活动产生的现金流量、投资活动产生的现金流量和筹资活动产生的现金流量。在现金流量表中，现金及现金等价物被视为一个整体，企业现金形式的转换不会产生现金的流入和流出，现金与现金等价物之间的转换也不属于现金流量。例如，企业从银行提取现金、用现金购买3个月到期的国库券。审计人员应检查被审计单位现金流量表的归类和分项是否合规。

现金流量表的填列方法有直接法和间接法。在我国，企业经营活动产生的现金流量应当采用直接法填列，同时要求采用间接法在现金流量表补充资料中反映经营活动产生的现金流量情况。检查现金流量表的编制，应查明被审计单位是否按规定填列现金流量表，对未采用计算机程序编制现金流量表的，应查明是否专门为编制现金流量表设置辅助账簿记录；同时应关注在现金流量表编制过程中，对有关特殊事项的处理是否正确。

（二）现金流量表钩稽关系的审查

检查现金流量表的钩稽关系，有利于发现报表编制存在的问题，同时验证各项目金额的正确性。

1. 表内钩稽关系

现金流量表的表内钩稽关系主要体现在主表与补充资料之间的钩稽关系，如主表与补充资料的“现金及现金等价物净增加额”是否一致；主表与补充资料的“经营活动产生的现金流量净额”的钩稽关系是否合理等。

2. 与其他报表的钩稽关系

现金流量表有关项目的金额与资产负债表、利润表中的相关数据应相互验证。如现金流量表补充资料中现金的期末、期初余额与资产负债表中“货币资金”的钩稽关系；现金流量表补充资料中的“净利润”项目与利润表中“净利润”项目是否一致；现金

流量表中“销售商品、提供劳务收到的现金”与利润表中“营业收入”、资产负债表中“应收账款”“应收票据”“预收账款”“坏账准备”及“增值税销项税额”的钩稽关系；现金流量表中“购买商品、接受劳务支付的现金”与利润表中“营业成本”、资产负债表中“存货”“应付账款”“应付票据”“预付账款”及“增值税进项税额”的钩稽关系等。

二、现金流量表项目的合法性、公允性审查

审计人员应获取编制现金流量表的基础资料，复核加计是否正确，将基础资料中有关数据和财务报表及附注、账册凭证、辅助账簿、审计工作底稿等核对是否相符，并分析检查表内各项目的数额是否正确、完整。此外，审查时还应注意以下三个方面：

（一）审查现金及现金等价物的界定

这里的现金是广义的现金，不仅包括库存现金，还包括可以随时用于支付的银行存款和其他货币资金；现金等价物是指企业持有的期限短（一般是指从购买日起3个月内到期）、流动性强、易于转换为已知金额现金、价值变动风险很小的投资。审计人员应检查被审计单位对现金及现金等价物的界定是否符合规定，界定范围在前后会计期间是否保持一致。

（二）对现金流量表进行分析性复核

由于企业的现金收支活动是伴随其他经济活动而发生的，所以现金收支的数量、结构应与企业业务经营活动规模和结构相适应。审计人员可以通过分析，揭示现金流量表项目可能隐含的错误，判断是否存在金额异常的项目。

1. 将本期现金流量表的数据与前期数据进行比较，以揭示项目本身及其所反映经济内容的合理性。例如，比较“支付给职工以及为职工支付的现金”项目的本期数与上期数，在企业经营规模和职工总数未发生较大变化的条件下，其现金支出的增长幅度应与工资增长幅度相一致。

2. 将现金流量表项目与企业的其他经济指标相比较，以判断相互间的协调程度。例如，将“偿付利息所支付的现金”与企业的银行借款和应付债券规模进行比较，将“投资所支付的现金”与企业新增投资进行比较，考察相互间的协调关系与一致性。

（三）检查现金流量表各项目的披露

应当注意的是，按照企业会计准则的规定，对于不涉及当期现金收支，但影响企业财务状况或可能在未来影响企业现金流量的重大投资、筹资活动，也应在财务报表附注中加以说明。

第五章

内部控制审计目标实现的保证措施

作为内部控制审计目标实现机制的一部分，还必须建立配套的内部控制审计的保证措施。主要原因在于：第一，内部控制审计的性质决定了内部控制审计所具有的特殊性，体现在审计独立性、专业胜任能力、审计成本与质量和内部控制审计报告法律责任等方面。第二，当前的审计制度安排、审计技术理念和监管环境大多是针对财务报表审计而设计的，因此也有必要对内部控制审计这种新兴的审计业务制定有针对性的配套措施，以保证内部控制审计的顺利实施。

第一节　独立性问题

一、影响内部控制审计独立性的特殊因素

“独立性是审计的灵魂”。本章无意在此讨论一般意义上的审计独立性问题，而是讨论在内部控制审计中，除了一般意义上的审计独立性要求之外，影响审计师独立性的特殊因素，从而为解决内部控制审计的独立性特殊问题提供方法。内部控制审计中影响审计师独立性的特殊因素主要包括：

第一，内部控制审计中主观估计因素和价值判断太多，加上内部控制有效性评价中需要和管理层的沟通、交流增加，这都可能影响审计师的独立性。

内部控制审计本质上是一种外向型的管理审计，其目标是鉴证内部控制的有效性，那么如何对内部控制的有效性进行定义，如何对有效性进行评价，如何结合内部控制有效性的综合评价结论对内部控制有效性发表审计意见，这都依赖于审计师的主观判断，而且这种判断结果受到审计师经验、与企业家的沟通和表达能力、行业的景气情况等因素的影响。

无论是采用前文所述的定性评价路径，还是定量评价路径，在评价指标的选取（因素集）、指标的赋值（评语集）、指标权重的分配（权重集）、评价标准的确定等方面，任何一个环节都必须对企业进行了解，还需要和企业进行沟通。作为外部人的审计师，在对企业的情况无法完全了解的情况下，对于这些因素的判断毫无疑问地受到被审计

对象的影响，这势必会影响到审计师的独立性。

同时，由于在内部控制审计中，审计师接触的资料和信息都比财务报告审计时要丰富得多，接触到更多的商业机密，也有可能加大审计师的道德风险和利益诱惑，削弱审计师的独立性。

第二，在当前内部控制审计和财务报告审计大多由同一家审计机构进行的情形下，内部控制审计的独立性受到来自客户承接、收费、技术依赖和审计意见协调等方面的影响，往往导致内部控制审计成为财务报告审计的附属品，成了“走过场”和形式主义。

尽管美国和我国都规定，禁止同一家审计机构为同一家企业提供内部控制审计服务的同时又提供内部控制咨询服务，但并没有规定同一家审计机构不可以同时提供内部控制审计业务和财务报告审计业务，甚至还提倡为同一家审计客户同时提供内部控制审计与财务报告审计业务，即整合审计。但是，这种安排并没有考虑到对内部控制审计独立性的损害。

首先，从客户承接上来看，大部分情况下内部控制审计业务的开发依赖于现有财务报告审计客户。在这种情况下，内部控制审计合伙人出于商业利益的考虑，会对财务报告审计合伙人和客户产生依赖，内部控制审计的独立性难以得到保证。

其次，从内部控制审计收费上来看，在同一家机构进行内部控制审计和财务报告审计的情形下，企业往往提出内部控制审计收费打包在财务报告审计收费中。这无疑给企业带来了巨大的谈判优势，因为这意味着，如果内部控制审计师不接受对方报价，可能财务报告审计业务也会流失，内部控制审计师可能不得不接受一些不公平的条款，如低收费、提供附加值高的增值服务等。而这样的结果就是内部控制审计独立性的丧失。

再次，从内部控制审计的技术上来看，当同一家审计机构既从事内部控制审计又从事财务报告审计时，由于内部控制测试环节以及风险评估环节的重叠性，往往财务报告审计人员和内部控制审计人员是相同的团队，只是在审计合伙人层面出现分工。那么问题就在于，同一个团队由于接受的审计理念、审计方法论主要是来自财务报告审计方面的，所以就会出现内部控制审计技术对财务报告审计理论的技术依赖，或者路径依赖。而通过前文的讨论了解到，内部控制审计和财务报告审计无论是在审计性质、审计目标、审计技术等方面都是不同的。这样可能导致的一种情形就是：财务报告审计团队的审计师，运用财务报告审计的技术、方法、理念去附带地进行内部控制审计工作，而这个结果却由内部控制审计合伙人签署。这种结果是非常危险的。可以说，从技术依赖角度，内部控制审计成了财务报告审计的“附属品”。

最后，从内部控制审计报告的意见协调上来说，由同一家机构进行内部控制审计和财务报告审计时，内部控制审计意见往往成为财务报告审计意见的“附属品”。譬如，一个企业的内部控制非常混乱，几乎没有，但是如果企业管理当局接受审计师对财务报告的调整，那么从重要性水平来讲，财务报告审计风险是可以接受的，可以出具标准无保留意见审计报告，或者带一个说明段。但是对于内部控制审计来讲，我们认为，这种内部控制无论是从设计层面、运行层面，都难以达到降低交易费用的目标，是无效的，所以内部控制审计报告应该是非标准的审计意见。这种情况是完全可能的。而现实的结果是，当我们对一个公司的财务报告出具标准无保留意见的审计报告时，我们一般很难出具一个非标意见的内部控制审计报告。一般的情形是，内部控制审计报告和财务报告审计报告要么同时是标准的无保留意见，要么同时是非标的审计意见。显然，再一次地，在最终审计意见类型的协调中，内部控制审计成了财务报告审计的附庸，丧失了独立性。

二、保证内部控制审计独立性的措施

为了确保内部控制审计的独立性，在一般的保证审计独立性的措施之外，我们还需要采取以下措施：

第一，技术上加以改进，尽量使主观判断程序化。开发和完善内部控制审计主观判断的系列模型，形成一个相对客观的标准。例如，在内部控制有效性评价指标体系的确立上，通过前文提出的内部控制有效性的不同测度，依照一定的递阶层次结构分析法，确定评价指标体系的组成。在评价指标体系的权重分配中，可以采取两两比较重要性并对评价指标的权重分层设计等办法，增加权重分配的科学性。

第二，制度上加以限制，提高内部控制审计的刚性需求和法定地位。我们看到内部控制审计的独立性之所以受到侵害，其中一个主要原因就是，内部控制审计的地位还没有真正的受到企业、资本市场和监管层重视。一方面，由于内部控制审计报告作为一个新生事物，投资者以及其他的利益相关者还没有像对待财务审计报告那样引起足够重视，因而，对内部控制审计意见的含金量没有充分认识到。另一方面，当前监管层把主要精力放在对于财务报告、财务报告审计报告质量和披露的监管上。作为审计师和企业管理层，还没有充分认识到内部控制审计报告的法律责任，因而重视程度不够。所以，无论从需求还是监管方面来讲，只有强化这方面的约束，才有可能从内部控制审计的供给角度，加大审计师责任，从而提高内部控制审计的独立性。

第三，对所倡导的内部控制审计和财务报告审计由同一家审计机构进行的制度进行反思与改进。如前所述，如果为了降低审计成本而提倡内部控制审计和财务报告审计的整合，忽视内部控制审计和财务报告审计是两种不同性质的审计，二者具有不同的审计目标和审计方法论，那么就有舍本求末之嫌，从而破坏了内部控制审计的生存之本。

在我国内部控制审计实施几年之后，有学者提出，在同一家机构进行内部控制审计和财务报告审计的情形下，至少两个团队是独立的，方法论和审计意见的形成是分开的，合伙人应该充分独立，并进行轮换等措施。也有学者提出，上市公司应该聘请两家外部审计师分别实施财务报告审计与内部控制审计，以克服由一家机构审计的固有缺陷，真正提升内部控制审计的独立性。这样一来，由两家审计机构相互制约，相互监督，各负其责。对于，上市公司来说，无疑是上了双保险，也是对投资者利益的有效保护。这些建议都是可取的，决不能为了审计成本而牺牲内部控制审计的独立性。

第二节　审计师的专业胜任能力问题

一、内部控制审计对审计师专业胜任能力的挑战

对于审计师专业胜任能力一直是业界非常关注的话题。随着内部控制审计业务的出现，对审计师专业胜任能力有哪些新的挑战呢？

第一，内部控制审计业务作为一项法定审计业务刚刚出现，对于内部控制审计的性质、目标、实务操作标准等都还缺乏一个明确的体系标准，这样就势必要求审计师

在还没有具体实践指南，或者现有指南还不成熟的情形下，有一定的理论水平来指导实践。而目前的情况则是，大部分审计师接受的是财务报告审计的知识、经验和理念，这样就会造成一个理论的断层。

第二，从事内部控制审计业务，审计师除了需要传统财务报告审计的知识外，还需要掌握更多的知识，甚至是经济学、管理学科之外的知识和技能。例如，基于层次分析法的模糊综合评价法，则需要审计师有关于模糊数学、计量经济学方面的知识和技能。这些专业知识和技能将是摆在很多审计师面前的一大障碍。

第三，在内部控制审计业务中，涉及更多的专业判断，而我们知道专业判断是需要实践积累的，这导致了专业判断的难度。在财务报告审计中，由于案例的积累，专业判断常常是“英雄所见略同”。但是在内部控制审计中，一则由于专业判断所涉及的方面突破到非财务领域，二则由于案例和经验少，专业判断常常没有一个压倒性的主流判断，也没有一个成熟的判断准则和模型，使内部控制审计专业判断的公信力受到威胁。

二、提高审计师从事内部控制审计所需专业胜任能力的措施

如何提高审计师从事内部控制审计所需专业胜任能力呢？借鉴英格兰及威尔士皇家特许会计师协会（ICAEW）关于审计师胜任能力的观点，一个胜任的内部控制审计师就是一个传统意义上的审计师加上管理咨询师，再加上一个人格独立的具有高度职业道德的经验丰富的专家。具体而言，可以从以下三个方面采取措施：

第一，引导审计理论界和实务界开展关于内部控制审计理论的深入研究，从而提高审计师关于内部控制审计的理论认识。理论是指导实践的，现在的情况则是实践走在理论的前面。当我们遇到实践的困惑时，理论也是一片困惑，这样的局面显然不利于内部控制审计的实施。因此，加强内部控制审计理论的研究，并用其来武装审计师的头脑，这将是提高审计师内部控制审计专业能力的根本所在。

第二，积极开发内部控制审计风险模型和相关的内部控制审计专业标准，提高内部控制审计实务的规范性，从而提高审计师的实际动手能力和专业技能。内部控制审计目前还缺乏一套具体的、系统的、操作性强的审计技术规范，这样就大大影响到了审计师的专业胜任能力。通过开发系列内部控制审计专业规范，审计师不断地学习和

“充电”来提高内部控制审计专业技能，是提高我国审计师内部控制审计专业技能的有效捷径。

第三，由于我国开展内部控制审计的时间不长，经验积累不够，案例也不多，所以，对于审计师、会计师事务所和主管机构而言，一定要加强对内部控制审计业务的培训。这种培训既可以是授课，也可以是案例教学或者经验交流和座谈。总之，在我国内部控制审计刚刚起步阶段，理论界、实务界、监管层、投资者、企业管理人员等全方位、多视角的讨论和头脑风暴，都是提高我国审计师从事内部控制审计专业胜任能力的有益渠道。

第三节　内部控制审计成本与审计质量问题

一、内部控制审计成本与审计质量的权衡

内部控制审计能否顺利开展，是否具有持久的生命力，也取决于内部控制审计是否符合成本效益原则。一般而言，审计程序的增加会导致较高的审计质量，也意味着审计成本的加大。反之亦然。

先简要回顾一下美国自2003年实施内部控制审计以来的主要政策和措施的调整，以了解美国在解决审计成本与审计质量这一矛盾的主要做法。通过对404条款实施以来的跟踪研究，我们发现，围绕着内部控制审计成本和审计质量问题，美国证监会在萨班斯法案404条款的实施上主要做了三个方面的工作。

第一，不断地对内部控制审计制度实施的时间表进行调整，以平衡内部控制审计成本、审计质量和企业经济承受能力的矛盾。自2003年6月开始实施到2006年12月的42个月，共进行了5次调整，平均8个月就发布1次公告调整实施时间。其中第5次和第6次公告仅相隔4个月。无论是美国的小公司还是外国的小公司，经过5次调整后都推迟到2007年12月15日出具管理层内部控制评估报告，2008年12月15日出具内部控制审计报告；相对而言，美国大公司调整1次，并要求于2004年11月15

日出具内部控制审计报告；外国的大公司调整 2 次，并要求于 2006 年 7 月 15 日出具内部控制报告。这反映美国在实施内部控制审计过程中，对于企业承担的审计成本与投资者利益的权衡。

第二，在技术层面，为了解决审计成本与审计质量的矛盾，美国证监会（SEC）与美国上市公司会计监管委员会（PCAOB）、COSO 委员会开发了一系列标准，并不断改进，从技术上解决矛盾。主要的技术改进包括：用 PCAOB 审计准则 5 号代替审计准则 2 号，以降低审计成本、提高审计质量；发布《小企业 COSO 内部控制框架》以解决小企业内部控制建设指引和标准，为小企业内部控制审计的程序改善提供指引，从而解决小企业审计质量与审计成本这一敏感问题。

第三，开展提高审计师效率的一系列评估项目。提高审计师审计效率并降低成本一直是美国证监会（SEC）、美国上市公司会计监管委员会（PCAOB）共同关心的问题。美国上市公司会计监管委员会（PCAOB）开展了"敦促审计师提高效率并符合审计准则"的评估项目，同时美国证监会（SEC）对美国上市公司会计监管委员会（PCAOB）的评估项目进行监管，以评价审计师效率和美国上市公司会计监管委员会（PCAOB）的工作。

我们知道对于内部控制审计成本与审计质量的矛盾来说，美国的做法，简而言之就是：区分公司大小，对小公司在风险可控的原则下，强调以节约审计成本为主；着力从技术上降低成本，以平衡审计成本与审计质量的矛盾；加强对审计师审计效率的监管，以减少审计师利益与客户利益的矛盾，尽量做到用较小的审计成本来保证审计质量，从而保护审计师和审计客户各自的利益。

二、提高我国内部控制审计效率和审计质量的措施

如何在保证内部控制审计质量的前提下，降低审计成本，提高审计效率呢？在借鉴美国做法的基础上，我们可以采取以下措施：

第一，开发不同行业的内部控制数据库和行业审计指引，以提高审计师开展内部控制审计的目的性、效率性，从而提高整体的效率性和审计质量。这个工作可以通过行业协会、主管部门，或者是专业的研究机构来开展。

第二，从我国的实际情况来看，由于我国企业内部控制意识还不强，内部控制基

础的薄弱导致审计师不得不扩大审计面，补充审计程序，从而增加审计成本。因此，我们一方面要引导企业建立完善的内部控制体系，同时做好审计师的内部控制审计配合工作，从而减少内部控制审计的人工工时预算，进而降低审计成本。

第三，当前普遍的情形并不是企业承担的内部控制审计成本过高，而是审计师从事内部控制审计的付出得不到应有的补偿。内部控制审计在大部分情况下，被视为财务报告审计的附属品，内部控制审计的收费得不到保证。这样自然就会影响到内部控制审计质量，形成了一个恶性循环。因此，在呼吁降低企业内部控制审计成本的同时，应该先引导企业增加内部控制审计付费的意识，保证审计师的利益，从而提高内部控制审计质量。

第四，应加强对内部控制审计的质量监管。从行业协会的自律监管、行政主管部门的行政监管、证券监管机构的信息披露监管等方面，我们需要建立一套多方联合作业的内部控制审计质量监管措施。同时，也可以借鉴美国的做法，通过对审计师从事内部控制审计的效率开展评估，以解决内部控制审计师利益和客户利益之间的冲突，减少过度审计和重复审计的发生。

第四节　内部控制审计报告的法律责任问题

随着我国会计师事务所“特殊普通合伙”制的实施，审计师的法律责任成为讨论最激烈的问题之一。一方面，由于我国审计服务市场环境的不健全，审计师的独立性及审计质量受到很大程度的制约；另一方面，由于社会各界对于证券市场法律案件关注的加强，在“深口袋”理论的影响下，审计师往往成为最无奈的被告。正如有人戏称，对于审计师的诉讼，就是一场“受害者对于弱者的战争”。由于内部控制审计报告的内容涉及企业内部治理控制和企业内部管理控制的诸多方面，可以预见内部控制审计报告的法律责任将成为审计师法律责任的焦点之一。

一、内部控制审计报告的信息传递与市场影响

首先，内部控制审计报告的信息使用者和审计师对内部控制审计存在“期望差距”，从而影响到内部控制审计报告的法律责任。按照审计理论的一般解释，审计报告使用者和审计师之间存在着“期望差距”。通俗地说，就是审计报告使用者对于审计报告的预期与审计师理解的审计报告的保证作用之间具有理解上的差距，这往往是造成审计师法律责任的一个主要根源。在内部控制审计中，按照内部控制契约观，审计师一般认为，对内部控制审计的保证程度只能是对内部控制有效性的重大方面的合理保证，也就是说只是对内部控制降低交易费用的重大方面的一定程度的保证。然而，审计报告信息使用者往往对审计报告作用的预期高于审计师自身的理解。他们将其理解为一个标准无保留意见的审计意见，就是对于企业内部控制有效性的一个全面体检，把内部控制审计的标准无保留意见的结论理解为企业内部控制是全面有效的，也就是说内部控制降低交易费用的程度是合理的，甚至是最好的。

其次，内部控制审计报告的信息传递作用和对市场的影响机制还不明确，因此，如何理解内部控制信息使用者对内部控制审计报告的决策支持作用存在不确定性，将影响对内部控制审计责任的确定。由于我国内部控制审计实践还处于起步阶段，对于内部控制审计意见类型确切的市场含义，还存在一个在信息生产者和信息使用者之间不断反馈和契合的过程。如标准无保留意见、无法表示意见、否定意见分别给信息使用者什么样的决策意义，都还需要市场检验。虽然，我们也看到一些从事实证研究的学者已经开始对内部控制审计信息与企业业绩、市值、股票价格的相关性进行研究，但囿于数据积累不够，还难以给出令人信服的答案。同时，由于内部控制审计报告和财务审计报告的不同组合，这也给市场传递更多的信息，而投资者如何理解财务报告审计意见和内部控制审计意见二者信息的组合，做出或购、或售的决定，这都还有待于市场检验。

二、内部控制审计报告法律责任的不确定性与豁免条款

对于内部控制审计报告的法律责任的认定具有以下不确定性：首先，按照审计法律责任的一般原理，审计师法律责任主要包括“对什么负责”和“对多大范围的利益相关人负责”的问题。“对什么负责”，一般的审计责任理论解释为“合理注意义务”

或者“高度注意义务”。首先，内部控制作为企业不完全契约的补充，无法像财务报告审计中的财务报表一样具有明确的范围，这种注意义务范围显得非常模糊，不具备操作性。其次，“对多大范围的利益相关人负责”，无论是“合同相对当事人”原则、“已知第三人”原则和“可预知第三人”原则，对内部控制审计报告的利益相关人更加宽泛。由于内部控制的外部性，我们无法从传统的审计师法律责任理论中找到“内部控制审计具体的利益相关人”的理论依据。这使得内部控制的法律责任范围无法划定。再次，通过上述分析，由于内部控制审计报告的信息传递作用及市场含义的不确定性，在出现内部控制失败的情形下，从审计师法律责任角度来看，如何界定内部控制审计报告的法律责任具有了更多的不确定性。也就是说，无论是过错责任的认定、还是责任举证，都变得非常困难，因此也加剧了内部控制审计报告责任认定和归责的困难。

内部控制审计师对于内部控制法律责任的恐惧则是确定的。正如我国学者刘燕的观点，审计师法律责任就像社会公众利益和审计师利益的博弈一样，这种恐惧必将影响到内部控制审计实务的开展。所以，如何处理内部控制审计报告法律责任的不确定性和审计师面对这种责任的恐惧，做下述建议：

（1）在引入内部控制审计制度的初期，应对内部控制审计报告的刑事责任予以豁免；

（2）对于内部控制审计报告民事责任的认定，只对被认定为重大过失、推定欺诈和实际欺诈的重大审计失败行为予以追究，对于一般过失给予豁免；

（3）对于行政责任的认定和行业自律处罚方面，在没有重大过失的情况下，免予处罚，留给审计师及会计师事务所更多的改正机会。

参考文献

[l] 王振秀．审计学 [M]. 上海：上海财政大学出版社，2017.

[2] 吴笑凡．审计数据采集与分析 [M]. 北京：清华大学出版社，2017.

[3] 李越冬．内部审计理论与实务 [M]. 北京：清华大学出版社，2017.

[4] 于吉斌 . 会计基础理论研究 [M]. 北京：中国纺织出版社，2018.

[5] 庞靖麒．会计信息化 [M]. 北京：北京理工大学出版社，2018.

[6] 李凤鸣 . 审计学原理 [M]. 上海：复旦大学出版社，2006.

[7] 秦荣生，卢春泉 . 审计学 [M]. 北京：中国人民大学出版社，2006.

[8] 罗杰 . 审计学 [M]. 北京：清华大学出版社，2006.

[9] 罗杰，邓小龙，赵春青 . 审计学基础 [M]. 北京：北京工业大学出版社，2007.

[10] 审计署考试中心．审计专业技术资格考试复习指南 [M]. 北京：中国时代经济出版社，2013.

[11] 企业会计准则编审委员会．企业会计准则（2012 年版）[M]. 上海：立信会计出版社 .2012.

[12] 王会金．现代企业财务审计 [M]. 北京：中国财政经济出版社 .2010.

[13] 医院会计制度编审委员会．医院会计制度讲解与运用 [M]. 上海：立信会计出版社，2011.

[14] 李凤鸣．会计制度设计 [M]. 上海：复旦大学出版社，2006.

[15] 林秀琴，等．成本会计 [M]. 北京：清华大学出版社，2010.

[16] 程爱学．财务总监 [M]. 北京：北京大学出版社，2005.

[17] 张先治．财务分析 [M]. 大连：东北财经大学出版社，2007.

[18] 蔡春 . 审计理论结构研究 [M]. 大连：东北财经大学出版社，2001.

[19] 刘明辉 . 高级审计理论与实务 [M]. 大连：东北财经大学出版社，2006.

[20] 汤土云 . 现代审计理论 [M]. 北京：中国商业出版社，2000.

[21] 胡继荣，石爱中 . 审计研究 [M]. 北京：经济科学出版社，2002.

[22] 张杰明 . 当代西方审计 [M]. 大连：东北财经大学出版社，1998.

[23] 萧英达 . 国际比较审计 [M]. 上海：立信会计出版社，2000.

[24] 李学柔 . 国际审计 [M]. 北京：中国时代经济出版社，2002.

[25] 文硕 . 世界审计史 [M]. 北京：中国审计出版社，1990.

[26] 娄尔行 . 审计学概论 [M]. 上海：上海人民出版社，1987.

[27] 余玉苗 . 审计学 [M]. 北京：清华大学出版社，2003.

[28] 耿建新 . 审计学 [M]. 北京：中国人民大学出版社，2003.

[29] 李若山 . 案例与教学 [M]. 北京：经济科学出版社，2000.

[30] 王光远 . 管理审计理论 [M]. 北京：中国人民大学出版社，1996.

[31] 周勤业 . 审计学 [M]. 北京：中国财政经济出版社，2000.

[32] 钱培均 . 审计学 [M]. 北京：中国财政经济出版社，1998.

[33] 财政部注册会计师考试委员会办公室编 . 审计 [M]. 北京：经济科学出版社，2007.

[34] 刘明辉 . 审计 [M]. 大连：东北财经大学出版社，2004.

[35] 梁惠媛 . 审计基础实务操作 [M]. 北京：中国人民大学出版社，2004.

[36] 刘静 . 审计案例与模拟实验 [M]. 北京：经济科学出版社，2007.

[37] 刘建军 . 审计学 [M]. 北京：机械工业出版社，2007.

[38] 刘丽华 . 审计学 [M]. 北京：经济科学出版社，2007.

[39] 刘明辉 . 审计 [M]. 大连：东北财经大学出版社，2007.